ENSAIOS DE FILOSOFIA ILUSTRADA

Rubens Rodrigues Torres Filho

Ensaios de Filosofia Ilustrada

Prefácios
Bento Prado Júnior
Marilena Chaui

ILUMI//URAS

Copyright © 2004:
Rubens Rodrigues Torres Filho

Copyright © desta edição:
Editora Iluminuras Ltda.

Capa:
Fê
Estúdio A Garatuja Amarela
sobre *Le Défi* (1991), madeira pintada, vidro e luz elétrica
[171,4 x 147,3 x 66 cm], Louise Bourgeois.
Cortesia The Solomon R. Guggenhein Museum, Nova York.

Revisão:
José Feres Sabino

Filmes de capa:
Fast Film - Editora e Fotolito

Composição e filmes de miolo:
Iluminuras

2ª edição

CIP-BRASIL CATALOGAÇÃO NA FONTE
SINDICATO NACIONAL DOS EDITORES DE LIVROS, RJ

T645e

Torres Filho, Rubens Rodrigues, 1942-
 Ensaios de filosofia ilustrada
 / Rubens Rodrigues Torres Filho. — [Nova ed.] — São Paulo : Iluminuras, 2004

 ISBN 85-7321-217-9

 1. Filosofia.
I. Título.

04-3058. CDD 102
 CDU 1

04.11.04 08.11.04 008238

2004
EDITORA ILUMINURAS LTDA.
Rua Oscar Freire, 1233 - 01426-001 - São Paulo - SP - Brasil
Tel.: (0xx11)3068-9433 / Fax: (0xx11)3082-5317
iluminur@iluminuras.com.br
www.iluminuras.com.br

Sumário

Prefácio da 2ª edição
"Significar" significa "não ficar no signo" 9
Bento Prado Júnior

Prefácio da 1ª edição 13
Marilena Chaui

ENSAIOS DE FILOSOFIA ILUSTRADA
O dia da caça 19
A *virtus dormitiva* de Kant 31
À sombra do Iluminismo 53
A *Filha Natural* em Berlim 91
O simbólico em Schelling 109

NOVOS ENSAIOS DE FILOSOFIA ILUSTRADA

Dogmatismo e antidogmatismo:
Kant na sala de aula 137
Por que estudamos? 159
Produção extrateórica da síntese 163
Profissão de fé epicurista de
  Heinz Widerporst 173

Sobre o autor 187

Prefácio da 2ª edição
"Significar" significa "não ficar no signo"

Bento Prado Júnior
Universidade Federal de São Carlos

Publicado, em sua primeira edição, há quase vinte anos, talvez somente agora este livro possa revelar toda sua finura e seu brilho. O imediatamente contemporâneo não se deixa ver de modo nítido: com o passar do tempo, certos maneirismos, alguns dogmas — no fundo, um véu de ideologia — dissolveram-se, tornando mais visível a originalidade destes escritos. Para entrar já no nosso assunto, não basta ler, *é preciso* reler *— ou seja ler a uma distância que devolva* resistência *ao escrito, de modo que a leitura não a dissolva em suas expectativas mais ou menos conscientes. É o que aprendi relendo este livro e* aprendendo a lê-lo *como se fora pela primeira vez.*

Nem é outro — agora se torna claro — o tema do livro ou o fio condutor que atravessa todos os ensaios: a passagem constante, sempre em metamorfose, do escrever ao ler, do ler ao escrever. Uma hermenêutica? Talvez essa fosse uma boa palavra, se a filosofia do século XX não a tivesse impregnado de metafísica e de teologia. Filologia *talvez fosse melhor, desde que não entendida em seu sentido técnico, desde que compreendida na sua osmose com* filosofia: *numa osmose que modifica o sentido escolar de ambas palavras. O amor pelo* logos, *o cuidado com a escrita, a constante interrogação pelo significado da significação...*

Não é por modéstia que o autor se situa a uma certa distância do filósofo. Não se pode entrar *na filosofia sem distanciar-se um pouco dela, como é mais claro hoje do que na década de setenta quando imperava, entre outras, a ideologia do estruturalismo ou outras que igualmente faziam da filosofia uma* Strenge Wissenschaft. *É a própria univocidade da filosofia — sua identidade — que é colocada em questão já na primeira página do livro, início da belíssima conferência* O *dia da caça, que tive o prazer de assistir (sentado, aliás, ao lado de Gérard Lebrun que não podia conter, durante a audição, a expressão continuada de seu entusiasmo e de sua admiração). Entre a filosofia antiga, a medieval e a setecentista, com efeito, há abismos, e a figura do filósofo não é jamais a mesma. E nós, que estamos delas separadas pela filosofia crítica e pelo idealismo alemão, como podemos nós identificar-nos? Como ajustar sobre nossos rostos a máscara do Sábio? Ela necessariamente desliza e cai.*

"Mexemos" com filosofia? Certamente não desejamos apenas ser professores mas também não queremos ser filósofos profissionais, *como está na moda. Que é essa estranha figura contemporânea —* o técnico *da filosofia — senão a réplica atual do* filisteu, *tal como a desenhou a crítica do século XIX? Já no século XVIII o sobrinho de Rameau punha em dificuldade o filósofo seguro de sua tarefa, revelando um mínimo de obscuridade no coração das Luzes triunfantes. Mas é com Kant e Nietzsche — não se espante o leitor com essa inesperada conexão — que entramos em nossa atmosfera e descobrimos a raiz de nossa instabilidade, de nossa insegurança, mas também da nova figura, senão da verdade, da* significação *que nos envolve e emoldura.* Vermöge eines Vermögens, *apenas uma tautologia? Seria Kant o cômico personagem de Molière? Ao fim e ao cabo, através de Nietzsche (e, talvez, a despeito dele) Kant é recolocado, como é justo e necessário, para além da alternativa entre dogmatismo e ceticismo.*

Mas, sobretudo, Kant é recolocado na história de maneira diferente da indicada nos manuais, que permite uma leitura original e seminal do idealismo e do romantismo alemães. E a inclusão do ensaio "Por que estudamos?", que não estava presente na primeira edição do livro, ajuda-nos a formular nossa pergunta principal, modificando levemente sua última frase, para aproximá-la mais do primeiro verso dos Hinos à Noite: *por que razão, ainda hoje (no início do século XXI), "deverá sempre retornar o reino do Romantismo Alemão?". Pois é nesse horizonte que emerge com toda sua força a questão: "'Isso' de ler e escrever". Questão lindamente examinada no cruzamento entre as filosofias de Fichte e Schelling, que se opõem simetricamente na descrição da leitura, como se opõem* finden e erfinden, achar *e* inventar. *É assim, voltando ao "Dia da caça", que podemos encontrar a raiz filosófica das duas concepções inversas do que seja a* leitura *em duas idéias diferentes da essência da liberdade. No caso de Fichte, uma liberdade pura que permite instituir o Saber em ruptura com o passado, em Schelling, uma liberdade que se completa na redescoberta e na reconciliação com o passado. Duas relações diferentes com a história da filosofia que são duas relações diferentes com a* linguagem. *No caso de Fichte o texto, em sua objetividade, reduz-se (como será reduzida por Sartre) à materialidade do* signo *que a liberdade do leitor precisa reanimar e dotar de significação. No caso de Schelling, o sentido do texto precede a leitura na imanência de uma linguagem por assim dizer* pré-subjetiva *(como a esfera da expressão precederá o* cogito *reflexivo para Merleau-Ponty).*

Nem seria impossível fazer cruzar, de maneira produtiva, esta hermenêutica sem metafísica e sem teologia (ou esta filologosofia*) com a contemporânea filosofia da linguagem. Uma abordagem da linguagem despida de qualquer ambição reducionista ou fundacionista, cujo método se resume ao imperativo wittgensteiniano de* ler devagar *para poder (nada mais)* descrever o estilo da produção da significação.

É assim, caro leitor, que, com o livro de Rubens Rodrigues Torres Filho, dispomos de uma entrada privilegiada para o universo da filosofia, livre dos preconceitos da escola e da ideologia, a abertura de uma via que, multiplicando os paradoxos para melhor dissolvê-los, pode talvez permitir-nos voltar a ler, a escrever e a respirar livremente.

julho de 2004

Prefácio da 1ª edição

Marilena Chaui
Universidade de São Paulo

Provocaria riso alguém que perguntasse por que há matemáticos ou engenheiros. Posto que há teoremas e viadutos, impossível seria não haver seus construtores. A serena evidência que os cerca irradia-se da existência irrecusável de seus objetos, ainda que o teorema seja indecidível e o viaduto intransitável. Pergunta-se, porém, com seriedade "por que filósofo?". Por equívoco e perplexidade, responde Rubens Rodrigues Torres.

O nome "filósofo", escreve o autor, longe de outorgar identidade ao seu portador — não podemos falar dessa personagem como quem diz sociólogo, psicólogo ou químico — singela e inquietantemente é apelo à lembrança de um duplo exílio. Filósofo designa-se pelo negativo, exilado tanto das ciências positivas quanto da Sophia. Entre a presunção (que pode fazer do sophos mero sofista) e a modéstia (hoje parece haver apenas professores de filosofia), o exílio não exime e sim exige a busca. Quando, indaga Rubens Torres, surge a pergunta "por que filósofo?". Quando, responde, a Dialética Transcendental despojou a filosofia de seus objetos. Deus, alma e mundo, ilusões necessárias da razão mergulhada na modorra dogmática, ao serem despedidos pela Crítica, vingam-se e vingam a rainha destronada abrindo a crise do sujeito da filosofia. Por que filósofo?

Rubens Rodrigues Torres acompanha o advento da questão através de astuciosa e fina análise filológica quando, sob a ironia cortante de Nietzsche, deslinda o fazer filosofia como resistência textual provocada pelo esvaziamento das significações, isto é, pela entrada em cena do transcendental e da possibilidade a priori. A obrigação de estar desperto, criada pela crítica kantiana, seria nova virtus dormitiva, como parece sugerir Nietzsche? Não e sim, responde o autor. Não, pois o transcendental kantiano, diferentemente do escolástico, abre para significações vazias e o possível a priori *não é virtualidade à espera do tempo da criação para vir ao real, mas potência do vazio e do preenchimento sem posse. O transcendental é a possibilidade de impedir a projeção das significações no supra-sensível. A resposta negativa, entretanto, não bloqueia a resposta positiva à suspeita nietzscheana: desfazer-se do supra-sensível ou captá-lo como ilusão necessária da razão impediria, por si só, a sacralização deste mundo? A morte da metafísica não poderia ser o parto da antropologia filosófica, um novo sono dogmático? Perdendo o supramundano, não tentará o filósofo-caçador assenhorear-se de nova presa e garantir a posse de objetos?*

Esse risco, que não cessa de rondar a filosofia pós-crítica, é longa e minuciosamente trabalhado nos dois ensaios dedicados à superação da Vorstellung, *pois o risco existirá quando e somente quando a Representação julgar-se filosofia.*

O esvaziamento kantiano da objetividade supra-sensível acarreta um deslocamento essencial naquilo que chamamos filosofia ao provocar a passagem do dado ao efetivo, do feito ao fazer-se. Deslocamento operado explicitamente com o juízo reflexionante da Terceira Crítica, vem alterar definitivamente a relação entre o particular e o universal, abrir as portas da temporalidade efetuante e despedir a Vorstellung *para que a cena seja ocupada pelo pôr-em-cena, pelo encenar-se da* Darstellung *como possibilidade da própria cena.*

Com isto, a pergunta "por que filósofo?" encaminha-se para as duas primeiras respostas que, ao cuidarem dela, inauguram o idealismo alemão: Fichte e Schelling. Na esteira do esquematismo transcendental, da efetuação ou do reflexionante, a imaginação conquista seus plenos direitos e com ela a pura liberdade pura desenha o sentido da história (rumo ao futuro, para Fichte; retornando ao passado, em Schelling) e alcança a linguagem como exhibitio-expositio, *núcleo doravante inarredável da especulação filosófica. Donde o fascínio da* theoria-theatro, *em Fichte, que encontra na encenação constitutiva de A Filha Natural, de Goethe, o correspondente de suas preocupações com a encenação-exposição da* Doutrina-da-Ciência *como* Darstellung *do supra-sensível no sensível. Donde também o fascínio de Schelling pelo par mythos-theoria, por essa linguagem que é especulação e que a* Naturphilosophie *enraíza na diferença-indiferenciação, no movimento da identidade como movimentação do esquema, da alegoria e do símbolo.* Darstellung, *a filosofia dramatiza o que o autor chama de "o par incestuoso: a forma e o conteúdo". Espírito e letra, na doutrina da ciência fichteana; o simbólico — aquilo que não significa outra coisa, pois é especulação — da filosofia da mitologia e da arte schellinguianas.*

Todavia, a pergunta "por que filósofo?" não se esgota na trajetória iniciada pelo idealismo alemão. Com o tríptico "À sombra do Iluminismo", outro percurso é aberto. Nele explicita-se o otimismo ilustrado sob o limite imposto pela faticidade bruta, isto é, o poder civil. Aqui, o heroísmo da "filha natural" (a burguesia é moralmente superior à aristocracia) cede lugar a outra cena, ao cinismo de um outro bastardo, o "sobrinho de Rameau" (todos dançam, salvo o rei, que anda). O embate — em Berlim como em Paris — refere a razão à sua sombra, e a pergunta poderia, agora, ser reformulada: "Quando filósofo?". O sobrinho, o enciclopedista e Kant nos oferecem a mesma e desconcertante resposta: quando rei. Astuciosamente, porém, intercalando entre o texto de Diderot e o de Kant a análise do verbete "tolerância", da Encyclopédie, *o autor mede a distância entre dois reis, o déspota andante e o déspota esclarecido. Trata-se de tolerar o sobrinho, desde que se possa vigiá-lo. A distinção kantiana entre o uso privado e o uso público da razão, ao designar "quem é a ilustração", ilumina: sabemos, doravante, por que há professores de filosofia. Que o leitor se esclareça com essas belas e rigorosas páginas que o autor lhe oferece com luminosa elegância, originalidade e malícia.*

dezembro de 1986

Ensaios de Filosofia Ilustrada

O dia da caça

O sentido da palavra "filósofo" não é unívoco. Tomá-lo como se fosse, como se estivesse em questão uma mesma essência quando se trata do fisiólogo pré-socrático, do teólogo da Idade Média ou do iluminista do século XVIII, por exemplo, é perder de vista, nessa abstração, toda a dimensão histórica de que as diferentes espessuras da sociedade e do discurso investiram sucessivamente a figura do pensador. Aristóteles e Diderot não são "filósofos" no mesmo sentido, e, em cada tempo, o nome de filósofo define uma função diferente.

Estamos em um tempo que torna possível a impertinência da questão: — "Por que filósofo?".[1] Se pensarmos, então, que a pergunta pelo "por quê?" é a pergunta filosófica por excelência, a arma com que o filósofo sai à caça de seu saber, vê-la voltada, agora, contra o próprio filósofo, leva a pensar que chegamos, afinal, ao dia da caça, em que a figura clássica do pensador perde seus direitos predatórios, e esse caçador passa a ser caçado, como o sofista de Platão. Nessa situação, como já indicava o mal-estar semântico suscitado pela generalidade do enunciado, não pode tratar-se de buscar uma resposta, mas de interpretar a pergunta: uma pergunta que pertence ao tempo e que, como é possível mostrar, encontra sua condição de possibilidade na Dialética Transcendental de Kant. Perguntaríamos então: — Como o sujeito da filosofia se torna, por sua vez, objeto de questão?

De fato, no dia da caça, esse astuto caçador se mostra uma presa bem arisca. Quem não notou a inquietante modéstia que leva os que lidam com filosofia hoje a se esquivarem da denominação de filósofos? São, no máximo, "estudantes de filosofia", "professores de filosofia", "historiadores da filosofia" (Dizem: — "Eu mexo com filosofia..."), elevando a uma segunda potência aquele mesmo pudor, talvez, que levava os antigos a se chamarem de *philosophoi*, os amigos da sabedoria, e não *sophoi*, não

1) Era o tema da mesa-redonda organizada por José Arthur Giannotti, na XXVII Reunião da SBPC, em Belo Horizonte, 1975.

diretamente "os sábios". Nesse jogo de humildade e presunção, que não deixa de evocar certas análises hegelianas, reconhece-se aqui um tique semântico que não perde seu interesse (antes pelo contrário) quando se nota que sua origem é milenar. Do fundo de que astúcia provém essa relutância em aderir a uma qualificação, muito ambiciosa, talvez, ou determinada demais? Pois dá a entender que a ciência do filósofo — se é que se pode falar assim, por hipótese — ou está no topo de todas as outras, ou é utópica por excelência: ciência cujo sujeito tende sempre a recuar em relação a ela, ou a ficar à deriva, como os antigos diante da *Sophia*, os modernos diante da própria *Philo-sophia*. Chegou o tempo dos filo-filósofos?

Assim o filósofo escapa sempre ao cerco da questão: — "Por que filósofo?". A essa questão é forçoso responder hoje, quando não sempre: "Por vocação equívoca". E se se ouve dizer que hoje em dia não há mais filósofos, é que a consciência dessa utopia é cada vez mais aguda, e ninguém mais faz filosofia sob esse nome.

O etnólogo Claude Lévi-Strauss, o psicanalista Sigmund Freud estão entre aqueles que fizeram da recusa do título de filósofo o emblema da cientificidade dos saberes que inauguravam, mas precisaram criar novos nomes de ciências para marcar seu não-pertencimento ao saber constituído. Mas será que esse limbo de saber — e, por extensão, todo saber emergente — não merece, por si só, o nome de filosofia? Por vocação equívoca, sem dúvida, assim como se opera hoje a repartição das ciências em humanas, de um lado, e exatas e naturais, de outro, e se alista a filosofia no batalhão das humanas, demasiado humanas, por afinidade ou por perplexidade. Mas quando o filósofo aceita fixar seu domicílio entre as humanas, é sempre por ambigüidade, é sempre na mesma medida em que as humanas, incertas de si mesmas, se perdem da ciência e, nesse sentido, são... filosofia.

O nome do filósofo, então, em vez de denunciar a identidade desse caçador caçado, parece conservar, como única função precisa, a de lembrar a seu portador esse duplo exílio: exilado das ciências existentes, em que não encontra seu lugar, exilado da inatingível *Sophia*, essa ciência inexistente, ele precisa a cada instante renovar seu primeiro passo, inventar o chão em que pisa. E quem pisa chão mais firme pode decerto persegui-lo, esquadrinhando os territórios constituídos: sua própria condição de exilado o acoita nessa caçada.

É possível pensar que essa crise do *sujeito* da filosofia, nos termos atuais, data do momento em que, por obra da Dialética Transcendental, se desfez o território dos *objetos* da metafísica. Se não é possível uma ciência do supra-sensível, se os objetos da indagação metafísica não têm nenhuma objetividade, como pode a filosofia, essa ciência sem objeto, continuar a aspirar ao estatuto de ciência, quanto mais ao de ciência suprema, *regina scientiarum*? É natural, nessa situação, que uma tal ciência sem objeto passe a se interrogar em sua radical diferença, e que a pergunta se volte contra seu sujeito: — Por que ainda filósofo? Por que, depois da filosofia da crise, da filosofia crítica, o filosofar continua?

Dois ensaiaram a resposta a essa questão, pela primeira vez, na esteira de Kant — Fichte e Schelling. Ambos com a consciência de que essa resposta, para ser eficaz, consistia em empenhar-se em uma nova e descomunal tarefa: reinventar a filosofia. E foi da inflexão dessas duas respostas que nasceu o portentoso trabalho conceitual que, sob o nome de idealismo alemão, marcou a primeira metade do século XIX, rivalizando com o cientificismo que definiu o caráter do século.

Não parece inútil, para fins de uma indagação sobre o destino daquele "filósofo" questionado e exilado, cúmulo de modéstia e cúmulo de presunção, uma meditação sobre a modulação dessas duas respostas que, à primeira vista, discordam diametralmente e estão inscritas desde então no umbral do pensamento moderno, como duas epígrafes dissonantes.

* * *

É em Fichte que se encontra, pela primeira vez, o exemplo consumado dessa presunção paradoxal, que faz da perda dos direitos um direito absoluto. Para esse autor, que teve de se entender muitas vezes com seus contemporâneos sobre o tom arrogante de seus escritos, o resultado da crítica da razão, ao mostrar que os objetos da metafísica são o fruto de uma ilusão inerente à própria razão, consiste em restituir à filosofia sua dignidade autêntica: reconhecer-se como uma ciência sem objeto é seu único — e supremo — privilégio. Com isso, ela não é ciência por acidente, não depende de nenhum objeto determinado, basta-se soberanamente a si mesma e é a única que pode chamar-se, propriamente, a Ciência, não ciência disto ou daquilo, mas a ciência por excelência. Assim Fichte justifica, desde seu primeiro livro de filosofia própria, o anúncio do nome de doutrina-da-ciência para esse ensinamento radicalmente novo; e é em nome dessa dignidade suprema que seu autor abdica do nome de filósofo. Ao apresentar o *Conceito da doutrina-da-ciência* (§ 1), o jovem Fichte escreve: "Se até agora, com a palavra *filosofia*, se pensou justamente isso ou não, absolutamente não vem ao caso; mas então essa ciência, desde que se tivesse tornado ciência, deixaria de lado, não sem razão, um nome que até agora trazia por uma modéstia nada exagerada — o nome de um amadorismo, de um virtuosismo, de um diletantismo. (...) Ela poderia então chamar-se simplesmente a Ciência, ou a Doutrina-da-Ciência".[2]

> 2) Johann Gottlieb Fichte. "Sobre o conceito de doutrina-da-ciência ou da assim chamada filosofia", I, 44-5, in *Sämtliche Werke*. Berlim, Walter de Gruyter, 1965. (SW)

Mas é esse mesmo resultado da Dialética Transcendental que vai levar o jovem Schelling, também em sua primeira publicação original, a reencontrar o eco da antiga modéstia, a ponto de fazer o elogio mitigado do cético: por oposição à rigidez dos sistemas filosóficos doutrinais, "quem não honraria nele (no cético) o autêntico *filósofo*?" (*Cartas sobre o dogmatismo e o criticismo, quinta carta*).[3] Para acrescentar esta nota curiosa, que parece conter uma resposta direta a Fichte: "*Filosofia*, que palavra acertada! Se concederem ao autor o direito de voto, ele vota pela conservação dessa antiga palavra. Pois, no seu entender, todo o nosso saber sempre permanecerá filosofia, isto é, sempre um saber apenas em progresso, cujo grau superior ou inferior devemos apenas ao nosso amor à sabedoria, isto é, à nossa liberdade".

> 3) Friedrich W.J. von Schelling. "Cartas sobre o dogmatismo e o criticismo, quinta carta", I, 307, in *Sämtliche Werke*. 1856-61. (SW)

Questão de palavras, ainda? Talvez. Os dois reconhecem, na descoberta de Kant, a redução do papel do filósofo a uma rigorosa indeterminação, que chega a dispensar, no caso de Fichte, a própria determinação pelo nome de filósofo. Mas essa liberdade em relação a todo saber determinado, essa estrita ausência de objeto, esse reencontro com a *sképsis* são dotados, para cada um deles, de um valor diferente, e basta essa diferença de estimativas para determinar, a partir daí, dois programas e duas direções divergentes. Se vale a pena comparar esses dois textos, é pelo interesse de ver lançar-se assim, com tanta precisão, os dados desse jogo de perde-ganha em que se aventura quem, de uma forma ou de outra, corre o perigo de se chamar "filósofo", depois da *Crítica*.

Fichte interpreta o encontro com essa indeterminação, a descoberta da liberdade em sua pureza, como um gesto inaugural: o ato de nascimento de uma ciência inédita. Ao explorar pela primeira vez esse campo pré-objetivo em que o saber está ainda em estado nascente, o pensador transcendental rompe com o passado. É certo que essa ciência sem objeto foi obscuramente visada ao longo da história, como ele diz, sob o nome de filosofia. Mas, agora que foi descoberta, pouco importa que conserve "esse nome insignificante, essa palavra que designa a incerteza". Schelling, ao contrário, reconhece, nessa liberdade em relação ao saber objetivo, o reencontro com a essência perene da filosofia, uma essência que pode, sem dúvida, ter sido esquecida ao longo da história, e sobretudo da história recente. Mas o que me permite afirmar que os pensadores do passado não souberam dela, que meu conhecimento da história é bastante exaustivo e compreensivo para que eu possa atribuir uma originalidade absoluta a essa descoberta, em vez de pensar que, com a palavra "filosofia", se designava, talvez, exatamente a mesma coisa?

Basta um exemplo para avaliar o alcance dessa diferença de interpretações que, a partir da identidade de inspiração, conduz os dois pensadores a direções constantemente opostas. Fichte combate a prioridade do conceito de ser, como característica do dogmatismo, por consistir em hipostasiar o objeto, em detrimento da liberdade do sujeito. E chega, com isso, a formulações da radicalidade seguinte: "A essência de todo idealismo transcendental, e da doutrina-

4) Fichte. "Segunda introdução à doutrina-da-ciência", *Sämtliche Werke*, I, 499.

da-ciência em particular, consiste em que o conceito de ser absolutamente não é considerado como um *conceito primeiro e originário*, mas apenas como um conceito *derivado*, e derivado, aliás, por oposição à atividade, portanto como um conceito *negativo*. O único positivo é para o idealista a liberdade; ser é a mera negação dela".[4] Trata-se, sobretudo, de impedir que as categorias que servem para pensar a existência sensível, o ser *objetivo* (causa, substância, etc.), sejam extrapoladas para o supra-sensível, e que o originário seja pensado sob a forma do derivado: a substância espinosista ou cartesiana, por exemplo. A análise de Schelling, sem abandonar o saldo crítico do kantismo, é mais refinada. Ele escreverá: "A linguagem já distinguiu com bastante precisão entre o real *efetivo* (aquilo que está à mão, na sensação, aquilo que faz *efeito* sobre mim, e sobre o qual reajo), o existente, o que *está aí* (que está, *em geral*, aí, isto é, no tempo e no espaço), e o que *é* (que é pura e simplesmente, independente de toda condição temporal, por si mesmo). Como se poderia, com a total confusão entre esses conceitos, sequer pressentir de longe o sentido de Descartes e Espinosa? Quando eles falavam do ser absoluto, imiscuíamos nós nosso crasso conceito da efetividade ou, no máximo, o conceito puro do *estar-aí*, do existir, válido somente no mundo fenomênico e fora deste absolutamente vazio. Mas, enquanto nossa época empirista parecia ter perdido inteiramente aquela Idéia, ela vivia ainda nos sistemas de Espinosa e de Descartes, e nas obras imortais de Platão, como a Idéia mais sagrada da antigüidade (*tò ón*); mas não seria impossível que nossa época, se se elevasse outra vez àquela Idéia, acreditasse, em sua vã presunção, que nunca antes algo assim ocorreu a um espírito humano" (*Sexta carta*; nota).

Com isso, é possível pressentir, lado a lado, a comunidade de inspiração e o sentido da bifurcação, que faz desses dois pós-kantianos, igualmente conscientes da irreversibilidade da crítica, a origem de duas tradições opostas na avaliação do papel do filósofo e do sentido da filosofia. Compreende-se que se possa opô-los, como faz um comentador de Schelling, quanto ao próprio modo de inserir-se, como filósofos, na história da filosofia: "Fichte apresenta a doutrina-da-ciência como a filosofia definitiva, que anula as filosofias precedentes: uma descoberta de que sua época não era digna, mas que cedo ou tarde recolherá a unanimidade dos pensadores. (...) É de outro modo que Schelling assimila sua filosofia e a filosofia. Ele também havia partido com a aurora ao encontro do sol nascente. Mas o sistema que oferece como autêntico é a filosofia sem data, intemporal, independente das circunstâncias históricas, mesmo se o curso dos sistemas anteriores serviu para favorecer seu renascimento. Essa *philosophia perennis* se confunde naturalmente, então, com a filosofia antiga".[5] Mas compreende-se também que essa própria busca da autenticidade da filosofia na filosofia antiga, essa própria releitura do passado, não tem nenhum equivalente na filosofia do passado. A questão "por que filósofo?", quer se leia "por que filósofo hoje?" ou "por que o filósofo eterno?", é sempre a pergunta que se faz agora, e que simplesmente não se formula enquanto a filosofia pode ainda definir-se por seus objetos.

5) Xavier Tilliette. *Schelling, une philosophie en devenir*, v. 1. Paris, Vrin, 1970, p. 305.

* * *

Nesse caso, como contribuição para determinar um pouco mais a questão do estatuto do filósofo, de seu papel, ou do sentido do filosofar, o que a comparação dos dois textos parece sugerir aqui é que, desde o momento em que a filosofia não pode mais ser pensada como uma ciência que se define por seu objeto, essa questão é solidária de uma certa concepção da história e de uma certa relação com a linguagem.

Uma certa concepção da história, que ambos os textos parecem acarretar, de maneira incontornável, pela mera discussão da palavra "filosofia", e que leva a resultados suficientemente divergentes para que não pense que se trata apenas de uma doutrina particular sobre a história ou de uma ideologia determinada, mas sim de uma condição para simplesmente poder *pensar* a história. Do lado de Fichte, com efeito, a inauguração da filosofia como a ciência por excelência, que precede e fundamenta toda ciência objetiva, justamente por não ter objeto, é solidária da descoberta da liberdade em sua pureza, da autonomia absolutamente criadora do espírito e, assim, proporciona à humanidade o entendimento da natureza e do determinismo como mero *fenômeno* (Fichte ensinará: Quem tem medo do determinismo natural tem medo de sua própria sombra). Além de ser possível então, pela primeira vez, fazer ciência com plena consciência e, desse modo, abrir-se uma ilimitada perspectiva de futuro para o espírito e para a civilização, separa-se o devir humano do devir natural, e é possível pensar o conceito moderno de progresso, a liberdade dos homens para fazerem sua própria história. A partir dessa descoberta, a história passa a ter um *sentido*. Mas é importante notar: a história, nesse sentido, começa com essa descoberta; é protensiva, orientada em direção ao futuro. Uma vez começada a verdadeira história, por que não deixar então para o passado o velho nome de história, fazendo-o seguir o destino do nome da filosofia? O foco do sentido da história está na liberdade transcendental e na preeminência do dever-ser sobre o ser. A verdadeira origem do devir histórico não está no começo, mas no fim, e a história caminha em direção ao ideal. Assim, é uma ilusão colocar no *início* dos tempos a "idade de ouro" da completa felicidade sensível: a ilusão de ótica, inversão de perspectivas pela qual "aquilo que nos devemos tornar é descrito como algo que já *fomos*, e aquilo que temos a alcançar é representado como algo perdido", como escreve Fichte, a propósito do estado de natureza de Rousseau,[6] evocando a ilusão que consiste em pensar o ser como mais originário que a liberdade. Mas, pensará Schelling, se a origem não está no tempo, e sim na autonomia absoluta e intemporal, é tão arbitrário pensá-lo no fim quanto no começo. Trata-se, em vez disso, de uma origem perene, e nada me impede de reconhecer, nos grandes momentos do espírito, quer estejam no presente ou no passado, a presença dessa origem. Àquela história protensiva, portanto, pode vir contrapor-se a história retrospectiva, à transparência do progresso a espessura da memória e do esquecimento. Nosso tempo pode ser impermeável ao verdadeiro sentido das grandes filosofias do passado, pode ter perdido o conceito do ser em sua autenticidade, e no entanto o trabalho esquecido ou

6) Fichte. *A destinação do douto*, 5ª preleção, SW, VI, 343.

inconsciente do espírito deixou seus traços, para quem souber lê-los, nos monumentos do pensamento ou nos vestígios das grandes civilizações — nas ruínas arqueológicas, nos sistemas de filosofia, na mitologia, nas próprias línguas antigas. Aqui também é possível pensar em um *sentido da história*; é esse sentido que permeia todo o passado — mas cabe ao filósofo decifrá-lo.

Assim, em cada um, independente de qualquer filosofia da história, um certo *pathos* da história dá sinal de si, e os dois novos filósofos do idealismo pós-kantiano podem ser vistos em confronto, face a face, não tanto pela rivalidade quanto pela postura histórico-filosófica, ou, para usar uma imagem, pela direção do olhar: o primeiro voltado para o futuro, o segundo com os olhos postos no passado. Não é de admirar que essa mesma postura se reconheça na relação com o discurso.

Pode-se dizer que a diferença tange à qualificação do filósofo pela escrita ou pela leitura, pela relação com o texto a ser produzido ou com o texto a ser decifrado. E aqui se reconhece, em cada um deles, uma perfeita coerência consigo mesmo. Para o descobridor da doutrina-da-ciência, não somente a palavra "filosofia", mas todos os signos de linguagem participam da inércia da natureza objetiva. Já seu caráter sensível é o primeiro indício de sua heterogeneidade em relação ao verdadeiro conteúdo da filosofia, a liberdade supra-sensível. Passada em palavras para comunicar-se, a nova filosofia irá simplesmente valer-se desses signos sensíveis para provocar, em cada um de seus discípulos, sua descoberta própria dessa liberdade irredutível. Da mesma forma, toda linguagem, em sua existência sensível, só pode ser entendida como um produto dessa mesma liberdade, invenção humana, para fins humanos, meio sensível subordinado ao supra-sensível que lhe dá sua destinação: favorecer o entendimento dos homens no trabalho de dominação da natureza, cimentar a comunidade primitiva na forma social, permitir, enfim, a comunicação sobre conteúdos supra-sensíveis no desenvolvimento da cultura. Assim, é impossível entender qualquer discurso, encontrar nele um sentido, sem dispor da liberdade de ultrapassar a opacidade dos signos para chegar àquilo que se diz neles e sem pressupor, portanto, uma liberdade também em sua origem, uma intenção significativa que os tenha produzido.

O texto, sem seu autor, recai em sua materialidade inerte, e é preciso que intervenha a liberdade do leitor para recriar sua vida original. É esse mesmo *pathos* da linguagem que repercute nos textos teóricos, e se anuncia, por exemplo, nesta nota, mais tarde considerada excessivamente radical, do texto de juventude sobre a origem da linguagem: "Não demonstro aqui que o homem não pode pensar sem linguagem e que, sem ela, não pode ter nenhum conceito universal abstrato. Certamente ele o pode, por meio das imagens que forma pela fantasia. Segundo minha convicção, foi dada excessiva importância à linguagem, quando se acreditou que sem ela não teria havido nenhum uso da razão".[7]

Parece, mais uma vez, uma passagem para o avesso, quando se lê depois este outro texto, da última filosofia de Schelling: "Já que sem linguagem não é possível pensar não só nenhuma consciência filosófica, mas nenhuma consciência humana em geral, a linguagem não pode ter sido fundada com consciência: e, no entanto, quanto mais profundamente penetramos nela, mais precisamente se revela que sua profundidade supera de longe a da mais consciente das criações".[8] É que essa profundidade da linguagem, a mesma que permite redescobrir em seu frescor a significação original da palavra "filosofia" em sua etimologia e o fulgor primitivo da palavra "ser", é a outra conseqüência, descurada por Fichte, da dissolução dos objetos da metafísica e do esvaziamento de sua função representativa. Decerto, a linguagem está no mundo como expressão de uma liberdade que começa antes do mundo, e Fichte pode entender a produção do discurso como obra de inspiração e, assim, a relação de *poiésis* com a linguagem como um trabalho de domesticação. Mas, escreverá Schelling, "podemos acaso desconhecer a *poesia* que já está na mera formação material das línguas? Não falo das expressões de conceitos espirituais, que se costumam denominar metafóricas, embora dificilmente em sua origem possam ser consideradas impróprias. Mas que tesouros de poesia jazem ocultos na

7) Schelling, SW, VIII, 309.

8) Schelling, *Filosofia da mitologia*, 3ª preleção; I, 52.

linguagem em si, que o poeta não coloca nela, mas somente, por assim dizer, retira dela como de uma câmara de tesouros, que ele somente persuade a linguagem a revelar".[9] E, com essa consciência arqueológica do discurso, não é possível reconhecer, no filósofo que define seu estatuto pela relação com o passado, o verdadeiro precursor da interpretação moderna, do rastreamento das figuras inconscientes do discurso e da dissolução da instância do autor?

9) Idem, I, 52.

Eis aí algumas indicações, colhidas na história da filosofia, para um começo de discussão sobre o problema: Por que filósofo hoje? Basta que permitam, simplesmente, problematizar a questão, ou pelo menos deixem o ressaibo de uma perplexidade: hoje, no dia geral da caça, em que se procuram ideologias nas filosofias, em que se interrogam as estruturas latentes do discurso, em que se impõe a espessura soberana da história escandindo os enunciados mais "extemporâneos", será tão fácil distinguir a caça do caçador?

A *virtus dormitiva* de Kant

Wie sind synthetische Urteile a priori möglich? fragte sich Kant,
— und was antwortete er eigentlich? Vermöge eines Vermögens...
Nietzsche

PRELÚDIO

Quando vemos[1] uma pomba voando, estamos longe de simplesmente ver. Desenhamos no espaço sua trajetória, armamos um espaço tridimensional para servir de suporte a esse desenho, adivinhamos o movimento das asas, a resistência do ar, e quase estamos vendo, como se tivéssemos olhar de raios x, o esqueleto da pomba. Ou não seria essa estrutura profunda algo mais superficial que a própria pomba, que *encobre* a pomba: talvez aquele quadro anatômico que vimos numa aula de biologia, no ginásio, e paira agora como um esquema diante de nós? Ou não seriam outras pombas ainda, que vimos outras vezes, no céu ou na tela do artista ou do cinema ou simplesmente na retina de nossa imaginação, atraídas pelo chamariz de um texto literário? Não seriam esses outros pássaros-fantasma, esquemáticos, vindos de outros textos, que estariam servindo de chaves de leitura, de códigos para lermos esse outro texto, que no começo parecia a simples percepção do vôo de uma pomba? Dessa trama complicada, quem ousaria discernir o "vivido" do "aprendido", para usar esses termos da psicologia, ou o "real" do "imaginário", para falar ao modo da crítica acadêmica, ou o "ser" da "representação", para usar agora os termos da metafísica, todos eles, é claro, entre aspas, pois são também códigos de leitura, são novas redes para caçar o real, mas o "real", aqui, já cai na rede das aspas e perde sua "realidade", e assim por diante? De tal modo que não sabemos sequer imaginar o que seria, para o primitivo ou a criança, a "experiência original" de ver o vôo desta pomba, ou melhor, essa outra leitura, diferente da nossa; mas por que não dos mesmos direitos, ou da mesma injustiça?

1) Mas nós, quem? — perguntará, com razão, o leitor. Este texto foi escrito inicialmente para ser lido diante de um auditório (Departamento de Filosofia da USP, aula inaugural no ano letivo de 1974); por isso pressupõe, formalmente, um locutor e ouvintes, solidários, de certo modo, dentro de uma determinada situação cultural. De resto, em textos escritos, eu, pelo menos, sempre que uso assim a primeira pessoa do plural, tenho a impressão incômoda de estar escamoteando alguma coisa. Mas eu, quem?

Percepção de um vôo, geometria de uma trajetória, ciência natural, arte, literatura, ciências humanas, filosofia — e não necessariamente nessa ordem —, todos esses sistemas de codificação se tramam, se entrelaçam, todos eles fazem parte ou (quem sabe?) constituem, inventam aquele vôo de pomba de um civilizado, de um alfabetizado que vai lendo sem querer, sabendo sem saber, soletrando já contra a vontade: mas será que essa "vontade", aqui, já não está "querendo" suas devidas aspas? E lendo sem esquecer a gramática, pois eu escrevi primeiro "uma pomba voando" e depois "o vôo de uma pomba", pensando estar vendo a mesma coisa: que vem fazer aqui a categoria metafísica do *substantivo*? Eu *leio*, enfim, o vôo da pomba — mas sou mesmo eu ou são esses códigos que, afinal, estão lendo? Será que a palavra "eu" também não é passível de aspas?

Eis, pois, uma sugestão do que pode constituir problema, de algo a ser questionado, isto é, dos porquês de interessar à filosofia o problema da *leitura* — ou, para dizê-lo mais modestamente, eis o que poderia tentar-nos a tentar uma leitura da "leitura": pois já agora guarnecemos de aspas esta segunda palavra, e já pressentimos a primeira ameaçada pelas mesmíssimas aspas.

Para retomar, de outro modo, a generalidade do problema, e com licença de usar aqui, *provisoriamente*, a palavra "texto": temos diante de nós um texto para ler, um texto que se propõe à leitura. Esse texto se chama "mundo ocidental", "capitalismo", "sociedade burguesa", ou simplesmente "mundo", aquilo que está aí, ou como se queira — pois acabamos justamente de pôr em foco a questão do nome, e o foco do nome em questão. Esse texto é cifrado. Esse texto está entrelaçado de interpretações ("leituras"), que se integram ao texto, atuam sobre o texto, recebem a ação do texto, são formadas e deformadas pelo texto, *são* também texto e contexto.

A palavra "texto" quer dizer tessitura, tecido, trama. Nós próprios, que nos dizemos "leitores", estamos tramados e tramando nesse texto: urdidos, implicados e complicados. Desafiados, também, em nossa capacidade de "descomplicar", ou seja, de explicar. Em nossa aptidão de leitura. Perguntamos, então: que significa ler? Deslindar uma certa trama, uma certa complicação, uma certa *sintaxe*? Diz-se também que um texto é um complexo de significações. Que significa "significar"? Significa (?), justamente: não *ficar no signo*. Isto é, fazer sinal para o significado, fazer o gesto semafórico de apontar, indicar, remeter. Mas a *quê?* — às coisas, aos objetos, aos significados, em suma, outra vez, aquilo que está aí. Pois logo acodem as "aspas", para pôr em questão esse gesto semafórico da *semântica*.

Duas questões, portanto: como o texto se trama, qual é sua textura, quais são as regras que comandam sua urdidura, ou como decifrar o modo de produção do texto? Em suma, qual a sintaxe de sua *forma*? Segundo: *a que* o texto significa, para "onde" remete, em que "direção" faz sinal? Em suma, que diz a semântica de seu *conteúdo*?

E uma velha oposição, viva e ativa aqui: forma e conteúdo — as agulhas e o fio com que a velha metafísica continua tricotando, e nós também, sem querer, emprestamos nossos dedos para tramar, por acaso, sua velha necessidade.

* * *

Se não podemos tomar questões tão gerais como ponto de partida, muito menos podemos considerá-las como pacíficas e resolvidas. Por isso estão aqui para servirem de bastidor à interrogação de um texto mais circunscrito. Reduzindo a escala da questão, indagamos de uma *forma* — que é ler um texto de filosofia? — e de um *conteúdo* —, em que importa, para o pensamento filosófico, a descoberta do *transcendental*?

Duas questões que soam tão díspares a ponto de exigirem já a formulação desta terceira, que lemos inscrita tacitamente nelas: em que a questão do transcendental afeta a questão da leitura?

E, para isso, tomando desde já um ponto de incidência em Kant — e sabemos que foi ele quem primeiro fez vacilar, no sentido moderno, essa firme oposição metafísica da forma e do conteúdo —, já podemos pressentir em que espécie de unidade essa aparente dualidade tenderia a se fundir — a se fundar: isto é, como em alemão (*zu Grunde gehen*), se aprofundar e se afundar. O texto é dos *Prolegômenos*, § 30:

2) Kant, *Prolegomena zu einer jeden künftigen Methaphysik*, 1. ed., 1783, p. 101. Consultado na edição de Karl Schulz, Verlag von Philipp Reclam Jun., Leipzig, 1888, à Biblioteca do Departamento de Filosofia da USP, exemplar que pertenceu a João Cruz Costa.

(...) os conceitos puros do entendimento não têm significação nenhuma quando se afastam dos objetos da experiência e querem ser referidos a coisas em si mesmas (*noumena*). Só servem como que para soletrar fenômenos, para poder lê-los como experiência.[2]

É quanto basta para lermos aqui que o *texto*, para Kant, se chama "experiência", e que o *transcendental*, terra natal das categorias puras, dessas condições de possibilidade da experiência que precedem *a priori* toda experiência possível, que o transcendental, esse chão independente da experiência que estaríamos tentados a ver como o país das significações puras, funciona, para Kant, como um método, uma *técnica de leitura*. E basta, aqui, lermos isso. Deixando para mais tarde o que isso pode "significar", ficamos por enquanto com essa mera análise do texto citado. Se isso, agora, basta? Há quem diga que analisar textos, especialmente em filosofia, é um ato de obediência, uma estéril repetição do pensamento do autor, pura *tautologia* como modo de se refugiar debaixo de sua autoridade. Como se o ato de *ler* não fosse em si mesmo problemático, e fosse, por exemplo, simples passagem do texto à "idéia" que ele contém: mas isto, de sua parte, não seria um ato de obediência à tenaz autoridade da oposição forma-conteúdo?

Em vez disso, sair à caça de "significações", pôr-se em mira para alvejar todo esse bando de pombas imaginárias, é algo que nem sequer se quer. Vamos, antes, limitar ainda mais o campo de ação (sem nunca esquecer, por certo, o de refração): tomar como ponto de partida, e talvez de retorno, um texto de Nietzsche sobre Kant. Mas não se *trata* de Nietzsche, ou de falar *sobre* Nietzsche, mas, no máximo, de ler *através* dele. Até, se quisermos definir algo como "tema" ou "assunto" — assumir então essa categoria —, o texto servirá de guia para pensar na filosofia crítica e no idealismo transcendental póskantiano ou, mais precisamente, para traçar uma indagação sobre o que significa algo como a "tautologia transcendental". E, para isso, perguntar, par a par, qual a *sintaxe* deste texto e o que é aquilo para onde aponta sua *semântica*.

É, pois, como se tivéssemos traçado três círculos concêntricos, do mais amplo ao mais estreito, mas *concêntricos*, para descobrir talvez, no final, que esse centro, justamente, é móvel, está em toda parte e em parte nenhuma.

MOTE

O texto é de 1885 e está no aforismo 11 de *Para além de bem e mal*, ou seja, em seu primeiro capítulo, que se chama, precisamente, *Dos preconceitos dos filósofos*. Não se trata aqui de analisar o aforismo inteiro, mas convém lembrá-lo por inteiro, ouvindo, primeiramente, o que nele se diz:[3]

> Parece-me que agora, por toda parte, há muito empenho em desviar o olhar da influência que Kant exerceu propriamente sobre a filosofia alemã e, em especial, passar prudentemente de esguelha por sobre o valor que ele outorgava a si mesmo. Kant se orgulhava, antes de tudo e em primeiro lugar, de sua tábua de categorias; ele dizia, com essa tábua nas mãos: "Isto é o mais difícil que jamais pôde ser empreendido pela causa da metafísica". — Mas entenda-se esse "pôde ser"! Ele se orgulhava de ter *descoberto* no homem uma nova faculdade, a faculdade dos juízos sintéticos *a priori*. Digamos que se enganou nisso: mas o desenvolvimento e brusco florescimento da filosofia alemã decorre desse orgulho e da competição de todos os mais jovens para, onde possível, descobrir algo ainda mais orgulhoso — e, em todo caso, "novas faculdades"! — Mas prestemos atenção; já está no tempo. *Como os juízos sintéticos* a priori *são possíveis (möglich)? perguntou-se Kant, — e o que respondeu ele propriamente?* Em virtude de uma faculdade *(Vermöge eines Vermögens):*[4] *mas, infelizmente, não assim com três palavras, mas de um modo tão circunstanciado, tão respeitável, e com um tal dispêndio do senso alemão de profundeza e de encaracolado, que não se percebeu a cômica* niaiserie allemande[5] *que se esconde em uma tal resposta.* Ficou-se até mesmo fora de si com essa nova faculdade, e o júbilo chegou ao auge quando Kant descobriu ainda por cima também uma faculdade moral no homem: — pois naquele tempo os alemães ainda eram morais, ainda não tinham nada de "realismo político": — Chegou a lua-de-mel da filosofia alemã; todos os jovens teólogos do Instituto de Tübingen[6] correram mais que depressa para as moitas — todos à caça de "faculdades". E o que não se achou — naquele tempo inocente, rico, ainda juvenil do espírito alemão, em que o romantismo,[7] essa fada malvada, tocava e cantava por todos os lados, naquele tempo, quando ainda não se sabia evitar de confundir "achar" e "inventar"![7] Antes de tudo, uma faculdade para o "supra-sensível": Schelling batizou-a de intuição intelectual, e com isso veio ao encontro dos apetites mais caros aos corações de seus alemães, no fundo ainda ávidos de devoção.

3) Destaquei, no texto, as partes que irão interessar diretamente aqui. Em notas, acompanham os comentários indispensáveis para que não se perca, nessa tradução feita em casa, toda a riqueza léxica do original, que faz parte, sem dúvida, daquilo que mais importa, também aqui.

4) Nietzsche lida com o jargão kantiano lendo nas palavras todas as virtualidades que elas têm na língua. Esse é um dos aspectos da leitura que se denomina "filológica". Se parece haver nisso uma ingenuidade em relação às "intenções do autor", é no sentido do código de interpretação cuja abreviatura é a expressão "vontade de potência". Assim, temos aqui uma aproximação entre *möglich* (possível) e *Vermögen* (faculdade), remetendo à sua confluência com o sentido do verbo *mögen*. Verbo de tradução extremamente difícil, cujo sentido talvez possa ser indicado pelo uso: *es mag sein* (pode ser, talvez); *ich möchte* (eu gostaria, eu quisera), *ich mag (es) nicht* (não gosto disso), *möchte er bald kommen* (oxalá ele venha logo); mas o essencial para entender esse sentido é notar que, do mesmo modo que *werden*, com infinito, dá o sentido de futuro, *mögen* funciona na maioria dos casos também como auxiliar, para dar, com infinito, o sentido de *condicional*: *ich möchte sagen* (eu diria). É no nível rarefeito dessas significações que Nietzsche situa a tautologia (ou trivialidade) da resposta kantiana.

5) Nietzsche costuma traduzir *niaiserie* por *Einfalt*, que quer dizer "simplicidade", "singeleza", no sentido em que se fala de uma pessoa "simplória".

6) Tornaram-se conhecidos, mais tarde, estes três jovens estudantes, que foram colegas e amigos nos cursos de teologia de Tübingen: Schelling, Hölderlin, Hegel.

7) — *die Romantik*; em alemão, o gênero é feminino. Isso explica o apelido de "fada". Sabe-se, de resto, a conotação que tem, em Nietzsche, o gênero feminino de entidades abstratas (*a* metafísica, *a* verdade).

8) *findem*, *erfinden*. Em português, também, o sentido antigo de "inventar" é, como em latim, "achar", "encontrar".

9) Nietzsche: *der Traum verflog*; John Lennon: *the dream is over*; Gil: *o sonho acabou*; Raimundo Corrêa: "Assim dos corações onde abotoam / Os sonhos, um a um, céleres voam, / Como voam as pombas dos pombais".

10) Esta frase, em latim macarrônico, é a resposta dada por uma personagem de *Le Malade Imaginaire*, a um exame na Faculdade de Medicina: "porque há nele uma faculdade dormitiva, cuja natureza é entorpecer os sentidos". *Assoupire* é simplesmente a latinização cômica do francês *assoupir* (entorpecer); no original de Molière, encontra-se: *"sensus amodorrativa"*.

11) Aqui, *möglich* no sentido de "toleráveis". O sentido: "deveriam ser absolutamente intoleráveis".

12) Aspas se diz, em alemão, *Gänsefüszschen* — literalmente "pezinhos de ganso". A ironia é também um pouco profética, quando se sabe a espécie de marcha militar, chamada "passo de ganso", de que se orgulhava o exército do III Reich.

A todo esse movimento desenvolto e exaltado, que era juventude, por mais ousadamente que se disfarçasse em conceitos cinzentos e senis, não se pode fazer maior injustiça do que tomá-lo a sério e mesmo tratá-lo, talvez, com indignação moral. Basta, ficaram mais velhos: o sonho bateu asas e voou.[9] Chegou um tempo em que esfregaram os olhos: e hoje ainda os esfregam. Tinham sonhado: e antes de todos, em primeiro lugar — o velho Kant. *"Em virtude de uma faculdade"* — ele tinha dito, ou pelo menos *pensado. Mas isso é uma resposta? Uma explicação? Ou não é, em vez disso, apenas uma repetição da pergunta? Como o ópio faz dormir? "Em virtude de uma faculdade", ou seja,* da virtus dormitiva, *responde aquele médico em Molière,*

quia est in eo virtus dormitiva,
cujus est natura sensus assoupire.[10]

Mas isso são respostas de comédia, e é tempo, afinal, de substituir a pergunta kantiana, "como são possíveis juízos sintéticos *a priori?*", por uma outra pergunta: "por que é *preciso* a crença em tais juízos?" — ou seja, de conceber que para fins de conservação da essência de nossa espécie tais juízos têm de ser *acreditados* como verdadeiros; com o que naturalmente poderiam ainda ser juízos *falsos*! Ou, para dizê-lo mais claramente, e de modo mais grosseiro e radical: juízos sintéticos *a priori* não deveriam de modo algum "ser possíveis",[11] não temos nenhum direito a eles, em nossa boca são puros juízos falsos. Só que, por certo, é preciso a crença em sua verdade, como uma crença de fachada e uma aparência, que faz parte da ótica-de-perspectivas da vida. Para, por último, pensar ainda no descomunal efeito que "a filosofia alemã" — entende-se, ao que espero, seu direito às aspas[12] — exerceu na Europa inteira, não se duvide de que uma certa *virtus dormitiva* teve participação nisso; estavam embebecidos, entre os nobres ociosos, virtuosos, místicos, artistas, cristãos de três quartos e obscurantistas políticos, de terem, graças à filosofia alemã, um antídoto contra o ainda prepotente sensualismo que transbordava do século anterior para este, em suma — *sensus assoupire...*

GLOSA

Sabe-se, ao contrário, que Kant pensa a descoberta da filosofia crítica como um *despertar*, e ninguém desconhece esta célebre passagem do prefácio dos *Prolegômenos*:

> Confesso livremente: foi justamente a advertência de David Hume (que interpelou a razão, sem resposta, sobre o direito que ela tem à vinculação de causa e efeito) que pela primeira vez, há muitos anos já, interrompeu minha modorra dogmática e deu a minhas investigações em filosofia especulativa uma direção inteiramente outra.[13]

13) Kant, *Prolegomena*, l. ed., p. 13; ed. Reclam, p. 34. "Sono dogmático" é a tradução consagrada; mas a palavra usada por Kant é *Schlummer* (equivalente ao inglês *slumber*, cf. Lovecraft, *Through the gates of deep slumber*), que significa sono pesado, letargia, ou, mesmo, modorra.

E o que vem dizer o texto que lemos? Vem, justamente, despertar a suspeita de que este despertar é uma ilusão, de que com ele se passa a um sono mais profundo, ou se começa a sonhar. Trata-se, então, de despertar do sono dogmático para cair no sono tautológico, mais entorpecedor ainda do que o ópio real da metafísica pré-crítica? — e, uma vez que a virtude dessa faculdade é seu caráter *transcendental*, este não passaria de uma *niaiserie*, redobro inócuo da experiência, jogo de palavras matreiro e ingênuo cuja forma de decidir a questão é deixá-la intacta?

— Como são possíveis juízos sintéticos *a priori*?

Se a resposta consiste em um juízo sonsamente analítico — "*Vermöge eines Vermögens...*" — em virtude de uma virtude, pelo poder de um poder, em suma: são possíveis porque são possíveis — a própria pergunta se neutraliza como questão, perde sua problematicidade e se dissolve na tranqüilidade do senso comum, que pode então dormir em paz. Perpétua.

Nietzsche, portanto, tem razão (se é que "ter razão" é uma categoria válida aqui) contra essa resposta que isenta o pensar de toda periculosidade e dissimula, sob a aparência de um gesto subversivo, um retorno conformista às evidências da recognição. Se o transcendental, como *descoberta*, se reduz à dimensão de uma tautologia, como não se lembrar de uma outra tautologia, mais remota, inscrita em seu próprio nome? *Transcendental*, na linguagem da filosofia medieval, é justamente o predicado que não acrescenta nada a seu sujeito, o predicado propriamente analítico, o predicado *tautológico*. Não há apenas homonímia, então. A mesma palavra não diz *duas* coisas, mas a mesma.

E é fácil deslizar para o veredicto (se é que "veredicto", o verdadeiramente-dito, o juízo definitivo, é uma categoria válida aqui): toda a reformulação kantiana das noções de *possibilidade* e de *faculdade, Möglichkeit* e *Vermögen*, reduzidas agora a seu optativo radical *mögen,* não passa de uma brincadeira. E, com isso, toda a filosofia crítica, que tem seu estatuto *definido* por essa reformulação, pois é ela que torna possível o ponto de vista transcendental, não passa de um jogo de palavras inofensivo, ou pior, ofensivo, pois serve às forças que o ressentimento mobiliza contra a vida, quando seu nome passa a ser: "imperativo categórico".

É possível contentar-se com isso? Adotar, a partir de Nietzsche, essa leitura da resposta kantiana e, assim, como um juiz categórico, repudiar seu significado e condenar suas conseqüências filosóficas? Eis a crítica de Nietzsche a Kant, e eis Kant destruído — diria esse juiz. Mas já lemos no texto acima que não há lugar para nenhuma condenação moral, e foi o próprio Nietzsche que introduziu em filosofia a oposição entre "ser juiz" e "ser justo".[14] Resta pensar: entre Kant e Nietzsche, não se faz justiça a nenhum dos dois encampando simplesmente essa crítica e pensando desmontar com ela uma autoridade, quando se está simplesmente usando da *autoridade* de Nietzsche para descartar-se de Kant, e para *confirmar* que não se deve pensar debaixo de autoridade, e sob tutela de autor. Nietzsche viria aqui, com essa mesma autoridade (a autoridade do texto), *desautorizá-la*:

> Observando com mais precisão, nota-se que a maior parte daqueles que têm cultura deseja ainda hoje, de um pensador, convicções e nada além de convicções, e que somente uma pequena minoria quer *certeza*. Aqueles querem ser arrebatados fortemente, para com isso obterem para si próprios um aumento de força; estes poucos têm aquele interesse pela coisa mesma, que não visa a vantagens pessoais, nem mesmo ao mencionado aumento de força. É com aquela espécie, amplamente preponderante, que se conta por toda parte onde o pensador se comporta e se designa como *gênio* e, portanto, assume a expressão de um ser superior, ao qual compete autoridade.[15]

Procuremos, então, entender essa primeira leitura, que adere tão prontamente ao que lhe parece ser a "convicção" de Nietzsche e vê na resposta kantiana a neutralização da pergunta. Ela faz sistema com uma certa leitura de Kant: a

14) *Humano, demasiado humano,* v. 2, I — "Miscelânea de opiniões e sentenças", aforismo 33: *Gerecht sein wollen und Richter sein wollen.*

15) *Humano, demasiado humano,* aforismo 636.

que o toma em seu resultado sistemático, como uma *doutrina* idealista. O conhecimento deve limitar-se à experiência, que é constituída de fenômenos, e não de coisas, e por isso o metafísico, o "além-da-natureza" (a alma, o mundo, Deus), não pode ser objeto de nenhum conhecimento. Mas, por isso mesmo, o "espírito" é mais real que a "matéria", que essa tênue matéria que é o mundo físico da sensibilidade, e por isso dita leis à natureza, simples conjunto de fenômenos, e não de coisas. Por isso encontra em si mesmo, além do sensível, no "supra-sensível", uma legislação mais alta. Assim, nessa aparente justificação do ceticismo, o cético mais desconfiado descobriria logo que foi embaído: a demolição da metafísica — como *doutrina* da alma, do mundo e de Deus — é logo traída por sua própria reconstrução mais sólida em termos de lei moral — a boa-vontade, o mundo dos fins e o Bem Soberano.

Isto significaria, numa leitura polêmica: — O desafio de Hume ao *dogmatismo* é aceito por Kant em *nome do dogmatismo*, e todo o empreendimento da *Crítica* consiste em restaurar sua *verdade* e reafirmá-la contra o ceticismo. A *Crítica da razão* é, no fundo, uma apologia da razão, e aliás da razão clássica, do racionalismo.

Ora, Kant fala sério ao externar seu reconhecimento por Hume, toma *seu* partido contra o dogmatismo ao interpelar, com ele, a razão e, se não quer segui-lo até o fim, se não dá ouvidos a suas "conclusões", não é por timidez, mas, como diz o prefácio dos *Prolegômenos*, porque essas conclusões "provinham meramente de que ele não se representava seu problema por inteiro" e só o tomava "por um de seus lados": porque, enfim, diante desse "pensamento fundado, embora não desenvolvido", Kant quer levá-lo "mais longe do que o homem perspicaz ao qual deveu a primeira centelha dessa luz".[16] E seu primeiro ato é radicalizar a crítica cética: não é somente a noção de causalidade, mas também todo juízo sintético *a priori*, que não pode ter sua origem na experiência.

Sendo assim, restaria dizer que Kant procura — e forja com habilidade — um compromisso entre o ceticismo decorrente do pensamento empirista e o dogmatismo da tradição racionalista, obrigado que foi a aceitar as objeções irrefutáveis que vinham de um lado sem querer abrir mão das

16) Kant, *Prolegomena*, 1. ed., p. 13, ed. Reclam, p. 35.

seguranças do outro. É assim que lemos nos manuais que Kant, com a filosofia crítica, *concilia* empirismo e racionalismo. O cético e o crítico, porém, já nas duas atividades que trazem inscritas em seus nomes (*sképtomai*: examinar, sem tomar partido; *kríno*, separar, cindir, escolher), dão o tema da diferença de atitudes que os opõe, como se opõe a indecisão à decisão, a *sképsis* à *krísis*. E já nessa oposição nominal ao ceticismo, o criticismo põe à mostra o que traz, propriamente, de *crise*: em vez do hábil ecletismo que lhe é atribuído pelos manuais, há a tal ponto em Kant o sentimento da descoberta, de ter encontrado algo radicalmente novo e inédito, que até mesmo a pertinência daquela oposição pertinaz entre ceticismo e dogmatismo empalidece. Em vez de conciliar e atender a todos, a *Crítica* vai rejeitar a ambos, *lado a lado*, debaixo da *mesma* censura.

Sobre esta relação com o ceticismo, que nada tem de defensiva, o melhor comentador de Kant é ainda Fichte, ao escrever, em uma das notas da doutrina-da-ciência de 1794:

> Algo diferente (do ceticismo sistemático, que é uma contradição e ninguém leva a sério) é o ceticismo crítico, o de *Hume*, de *Maimon*, de *Enesidemo*, que põe à mostra a insuficiência dos fundamentos (encontrados) até agora, e justamente com isso sugere onde se encontram outros mais seguros. Com ele a ciência ganha sempre, se não em *conteúdo*, pelo menos na *forma* — e conhece mal os interesses da ciência quem nega ao cético perspicaz a atenção que lhe é devida.[17]

"Perspicaz", aqui, como no texto dos *Prolegômenos*, é *scharfsinning*, isto é, "de sentido aguçado", ou, em português, "de olhar penetrante", e assim o cético vê mais fundo, denuncia os fundos falsos e aponta o caminho para se ir mais fundo. Mas esse caminho, por sua vez, já leva a ultrapassar o cético e a separar-se dele. Fichte observa:

> Assim ceticismo e criticismo seguem cada um seu próprio caminho e ambos permanecem fiéis a si mesmos. É muito impropriamente que se pode dizer que o crítico refuta o cético; ao contrário, admite o que ele pede e mesmo mais do que pede; e simplesmente limita as pretensões que o cético, exatamente como o dogmático, emite quase sempre quanto a um conhecimento das coisas em si, mostrando que (essas pretensões) não são fundadas.[18]

17) Fichte, *Sämtliche Werke*, v. I, 121. O grifo, meu, para acentuar um certo uso da oposição forma-conteúdo. Que Fichte seria o último a se deixar embair por ela, é o que indica esta própria definição nominal do *saber*, e aliás como "certeza", e não como "convicção", que consiste justamente no apagamento da oposição: "Saber com certeza (*gewiss wissen*) é ter uma visão que penetra (*eine Einsicht in*) a inseparabilidade de um conteúdo determinado com uma forma determinada" (*Conceito da doutrina-da-ciência*, SW, I, 51).

18) Fichte, SW, I, 388-89.

Longe, então, de aderir ao dogmatismo contra o ceticismo, a *Crítica* denuncia o que há de *dogmático* no próprio ceticismo. E, melhor do que opor ao dogmatismo uma simples negação, como faz o ceticismo, que nega o acesso aos objetos supra-sensíveis, continuando (dogmaticamente) a aspirar por eles, a querer ter acesso a esse "lugar" vazio, o criticismo nega a *objetividade* desses "objetos": em "lugar" do objeto ilusório da metafísica, ele não pensa um *lugar* vazio, mas um *vazio* de significação.

Aquilo de que se acusa a *Crítica* — negar que se possa chegar a esses objetos (Deus, mundo, alma) pelo conhecimento, e tomar um atalho pela crença — é justamente o que o criticismo diz aqui contra o ceticismo: embora cético, perscrutante, perquiridor, ele continua dogmático em suas pretensões e aspirações. E, para entender quão pouco desse ceticismo Nietzsche autorizaria que se visse em seu texto sobre Kant, basta lembrar o que também ele diz do ceticismo (na forma do pessimismo, que alcança toda sua virulência negadora sob o nome de *niilismo*): que é preciso ultrapassá-lo *passando através dele*.

O que vem a ser, então, essa novidade radical, que escapa, por incomparável, à polêmica entre dogmatismo e ceticismo? Nietzsche traduz *Vermögen* por *virtus*. Tradução que, talvez, poderia apontar em direção de uma possível compreensão da noção kantiana de "possibilidade". Bastaria que tentássemos, seguindo essa indicação, traduzir *Möglichkeit* por *virtualidade* (isto é, para usar os termos aristotélicos, por "potência", em oposição ao "ato") e acompanhar os meandros abertos por essa permutação, ao nível das significações. As categorias, os conceitos puros do entendimento, são juízos sintéticos que operam como condições da *virtualidade* da experiência (não de sua *atualidade*): mas nada pode ser atual sem antes (isto é, *a priori*) "ter sido" virtual. Assim (em resposta à interrogativa: "como?"), são virtuais os juízos sintéticos *a priori*. Aqui está, portanto, a tautologia: é virtual aquilo que virtualiza, possível por ser condição de possibilidade. E a dedução das categorias consiste em mostrar que, sem elas, é impossível a experiência. Ou: não há objeto da experiência antes da experiência, e é no mesmo ato que experiência e objeto se tornam possíveis.

O mesmo, dito agora em termos de um balanço metafísico, é que a relação de *tempo* na passagem entre a potência e o ato é posta em suspenso aqui: o que há de *transcendental* nas categorias, o que está além da experiência, não é nada mais que essa *virtualidade* da experiência. Dizer, então, que o transcendental é o virtual, isto é, o atual em *potência*, é dizer, mas sem esquecer o sentido aristotélico do termo, que o possível é a potência do real, que nesse possível não há nenhuma (prévia) *posse*. E isso, por si só, já não justificaria dizer-se que o real, o empírico, é uma atualização, uma exteriorização de potência?

Lendo, pois, esse "possível" como *virtual*, e a faculdade dos juízos sintéticos *a priori* como *virtus*, será possível indicar em que isso importa, quanto à mudança de registro ocorrida na noção de *significação*. As categorias servem para ler os fenômenos como experiência: esse é o seu *uso*. Mas, como potência de leitura, elas precedem seu texto; *remetem* à experiência, fazem sinal em direção à experiência, *antes* da experiência: essa é sua *significação*. E esta distinção entre uso e significação (Kant dirá, textualmente, que as categorias têm um uso *empírico* e uma significação *transcendental*) é o que permite falar, agora, de significações *vazias*. É disto que se trata quando surge o pensamento de uma *significação ampliada* das categorias, sem a restrição do esquematismo:

> De fato resta, sem dúvida, aos conceitos puros do entendimento, mesmo depois da separação de toda condição empírica, uma significação, mas apenas lógica, da mera unidade das representações, às quais porém não é dado nenhum objeto, portanto também nenhuma significação que pudesse fornecer um conceito [Kant corrige, *Nachträge* LXI, para: um conhecimento] do objeto.[19]

19) Kant, *Kritik der reinen Vernunft*, A 147, B 187.

Isso é fundamental, sob vários aspectos.

1) A natureza, como único texto, é o limite de toda leitura; mas a virtualidade dessa leitura, o código de leitura, continua a ter sentido fora desses limites. O conceito puro *remete* a objetos, sua significação é o "objeto em geral", a forma-objeto, a objetividade. Mas é apenas essa forma da objetividade que ele conserva ainda, na ausência do objeto.

Desse ponto de vista, a demolição da metafísica é inevitável: essa pretensa ciência do supra-sensível pretende conhecer objetos fora dos limites da experiência, ler o supra-sensível como um texto que tivesse um conteúdo; mas ele não *pode* ser, por sua vez, texto e, se fosse, seria um texto *vazio*.

2) O conceito, o código, é uma *virtualidade* de leitura; é isso que está *a priori*, essa é a *significação* do supra-sensível: e com essa nova distinção entre o sensível e o supra-sensível, como texto e sentido, vacila a pedra angular da metafísica, a prova ontológica, que estava assentada sobre a passagem do conceito à existência. Dizer que a idéia de Deus acarreta o ser de Deus é postular um objeto onde não é possível nenhuma "objetividade". Dizer, ao contrário, que as condições de possibilidade da experiência são as condições de possibilidade do objeto da experiência, é dizer simplesmente que a "objetividade" é a condição para haver "objeto". É nesse mesmo sentido que a filosofia transcendental se caracteriza, também, por dizer que o ser não é um predicado: a existência do objeto não acrescenta nada a seu conceito. A significação substância, por exemplo, com que se lê o mundo empírico, não significa, fora do mundo empírico, nenhuma existência substancial; isto é, não perde seu sentido, não se torna absurda, mas é apenas uma significação (já se entende: vazia). E a "metafísica futura", depois desses prolegômenos, já não será mais uma indagação sobre objetos ("coisas"...) transcendentes, mas sobre significações transcendentais: não há nem pode haver uma *doutrina* idealista kantiana, um conhecimento do "espírito", com a afirmação teórica de sua preponderância sobre a "matéria". Se a revolução copernicana é irreversível, é por não permitir o retorno dos velhos fantasmas, nem mesmo pelas portas dos fundos.

3) E é também nesse sentido que se modifica a distinção clássica entre o possível (isto é, o virtual) e o real (isto é, o efetivo, o atual). O *possível* é, por um lado, o real vazio, isto é, o conceito sem objeto, a significação sem significado: por isso, para Deus (isto é, na definição negativa que é a única que se justifica, agora: para um ser cujo conhecimento fosse

a produção de seus objetos, cuja intuição não fosse sensível, para o qual não existisse a condição restritiva do esquematismo) não há possíveis: para esse ser, incognoscível, literalmente *inconcebível* (*unbegreiflich*), cuja existência não é afirmada nem negada, não existem significações. Ao contrário, quando Leibniz, por exemplo, fala do melhor dos mundos possíveis, *possível* "significa" um ser ausente; os possíveis (que também são "mundos") são candidatos à existência, armazenados em algum depósito supra-sensível. Um acervo de mundos coesos e coerentes, dos quais Deus escolheu o melhor, como na imagem de uma biblioteca metafísica. E essa imagem está explícita no texto da *Teodicéia* em que Teodoro é levado em sonho a conhecer a pirâmide de base infinita, chamada "Palácio dos Destinos", em que cada andar é um mundo possível, para se convencer de que o *existente*, que está no topo da pirâmide, é o melhor *deles*. É Pallas Athena, guardiã dos possíveis, que lhe serve de guia e lhe descreve a gestão divina do mundo como uma estranha "digestão" de mundos:

> Há (neste edifício) representações, não somente do que acontece, mas ainda de tudo o que é possível; e Júpiter, tendo-as passado em revista antes do começo do mundo existente, digeriu as possibilidades em mundos e fez a escolha do melhor de todos. Às vezes ele vem visitar estes lugares para se dar o prazer de recapitular as coisas e de renovar sua própria escolha, com que não pode deixar de comprazer-se.[20]

20) Leibniz, *Oeuvres Choisies*, ed. L. Prenant, Garnier, Paris, 1940, pp. 296-97.

Esse é o "possível" clássico; sua passagem ao real requer, de uma forma ou de outra, o *tempo* de uma criação. Pois é no tempo, como mostra o esquematismo, que se dá a relação entre dois existentes, e a possibilidade, aqui, tem o estatuto de uma *existência* virtual. Mas pensar o virtual como existência, de qualquer grau que seja, já é a ilusão transcendental.

4) Enfim — e mais importante — se com isso há uma crítica da razão, trata-se, mais profundamente que da refutação da metafísica, de traçar a gênese de uma ilusão, sua gênese necessária na própria razão. A necessidade das categorias, como significações puras, leva a razão a ceder a

uma necessidade mais profunda: a de ir além da experiência e de povoar de mundos esse "espaço" imaginário aberto pelo transcendental. Assim o esquema (e até a *imagem*) da leitura retorna, sintomaticamente, logo no início da Dialética Transcendental, justamente quando se trata da passagem do conceito do entendimento à idéia da razão:

> (...) nossa faculdade de conhecimento sente uma necessidade muito mais alta do que meramente soletrar os fenômenos segundo a unidade sintética, para poder lê-los como experiência.[21]

21) Kant, *Kritik der reinen Vernunft*, A 314, B 370-71.

Em outras palavras, a metafísica não é um erro dos filósofos, uma ilusão contingente, um equívoco, um momento de distração logo corrigida pelo aparecimento da verdade. É o sintoma de uma ilusão necessária, inscrita na própria essência da razão. Assim, Kant não é um *médecin malgré lui*: a Dialética Transcendental diagnostica, para além dos erros contingentes, uma doença congênita da razão, essa *malade imaginaire* em estado grave, e vê na metafísica o sintoma dessa doença. É do mesmo mal que sofre, também, a razão cética, quando acusa a metafísica *até agora* de não ter conseguido *ainda* conhecer o supra-sensível. A Dialética Transcendental, ao contrário, pressente: há algo de podre no reino dessa Rainha. Mas, para que uma *dialexis* seja também *diagnosis*, que nova cumplicidade se trava, então, entre o *Logos* e o *Nous*?

* * *

A diferença entre a tautologia analítica e a tautologia transcendental, entre o transcendental escolástico e o transcendental crítico, que este texto de Nietzsche identificaria no "mesmo" sono, é difícil de captar. Quem poderia dizer que essa franja de significações, que permite ler o mundo, não funcionará como uma tentação de ler outros "mundos", de fugir para o outro mundo; e que essa distinção entre o texto e seu sentido não irá seduzir a pensá-los como dois textos, a ver o sentido *por trás* do texto? E quem poderia garantir que a revolução copernicana não redunda numa acomodação mais pacífica, em que o transcendental se torne *doutrina* e se estabeleça como um sucedâneo competente da metafísica obsoleta? Pois, se nunca deve tornar-se doutrina essa ciência das significações puras, isso não seria o mesmo que a exigência de uma *revolução copernicana permanente*? Sob pena de despertar do sono dogmático para cair em um sonho ainda mais tenaz?

Com isso, percebemos sobre que incide a lâmina crítica do texto de Nietzsche: sobre a substantivação da palavra *vermögen*, a transformação da virtualidade em *virtus*. Kant dissera: — O mundo é mais profundo do que nossos códigos de leitura, só podemos lê-lo quando ele se torna texto para nós, não confundamos, não transformemos as redes que temos para captar o mundo em mundos independentes, senão acabaremos projetando esses mundos além do mundo. E o eco responde: — Sim, podemos então confiar em nossa *virtus*, temos uma faculdade mais real que a realidade: diante desse patrimônio (pois este é o outro sentido — mais "concreto"? — da palavra *Vermögen*), o mundo sensível não vale nada; nossa faculdade nos abre o mundo supra-sensível. (Pois a palavra que Kant usou foi *Vermögen*.)

Sem dúvida, a filosofia alemã, a que Nietzsche se refere entre aspas, todo o idealismo pós-kantiano, que segue a trilha do pensamento transcendental, se move (com "pés de ganso"?), com maior ou menor cautela, nessa franja de significações vazias, em que todas as projeções, todos os jogos de sentido, todas as confusões entre texto e significação, entre "achar" e "inventar" (*finden*, *erfinden*), vão se conjugando em todos os tempos e modos. Mas também todos aqueles temas (o transcendental como desenraizamento do ser, o ser como posição absoluta e irredutível, o dialético como jogo pré-mundano de significações que se entredevoram) foram explorados e aprofundados ao longo e através de todas as suas conseqüências.

Mas a distinção entre o "achado" e o "inventado", entre o real e o sonhado, como se faz no *interior do sonho*? E o narcótico da metáfora de Nietzsche, antes de entorpecer os sentidos, não os aguça? E o hábito da leitura não ensinou também uma leitura vigilante do próprio sonho, lido agora, em seu jogo distorcido de significações, como *sintoma*? E qual é o peso de uma metáfora: não será bem maior do que quando se diz que é uma *simples* metáfora? Pois, para citar mais um nome próprio, dos que inscrevem sua assinatura nessa mesma linha: já Freud não ensinou a ler o sonho "propriamente dito" como um discurso que atende a uma lógica mais profunda, que, exatamente como a reflexão transcendental, não obedece ao princípio de contradição da lógica acordada, desse, talvez, outro sonho? Pois também o sonho não distingue o "achar" do "inventar", nele nos julgamos meros espectadores, ou mesmo participantes, daquilo que estamos criando. E, enfim, quem tem certeza de estar acordado?

O sono dogmático, confessado por Kant, o sono tautológico, denunciado por Nietzsche, até que ponto nos ameaça, até que ponto pode ser decifrado, por "nós", aqueles (como diz o Prefácio de *Para além de bem e mal*) "cuja tarefa é estar acordados"? Ou, retomando a generalidade da questão que está em jogo nesse juízo histórico sobre Kant e o idealismo alemão: qual é a significação do *transcendental*, seu valor compensa seus riscos, o que significa recusar, sob a aparente tutela de Nietzsche, sua vigência?

Pois é nele, de certo modo, que vivemos desde Kant, é em seu solo paradoxal que empenhamos nossos conceitos e, com eles, plantamos nossas opções, é ele que abre, por assim dizer, o ambíguo espaço-de-jogo em que inscrevemos nossas distinções mais inocentes ou interessadas — por exemplo, entre a reflexão e a ciência, entre as significações e as coisas, entre a consciência e a história, entre a existência e a linguagem, entre o consciente e o inconsciente. Mas é ele também que permite, aqui mesmo, em todos esses pares de conceitos, distribuir muitas aspas e reconhecer, nesse seu ar de família, o velho par incestuoso: forma e conteúdo. Pois é nesse "solo" (entre aspas) que, afinal, se alicerçam nossas utopias. Haver algo, justamente, como uma espécie de *aurora*, um limbo matinal onde há significações antes de haver mundo, uma espécie de origem perene (e como falar dessas "coisas" sem evocar um ressaibo de "metáfora" e "poesia"?) — tal é, sem dúvida, a condição de possibilidade de muitos discursos exegéticos, de muitas leituras e códigos de leitura dentro dos quais nos movemos, desde o *toujours-dejà* dos estruturalistas até o *Absolut bei uns* de Hegel; é isso que dá, por assim dizer, consistência e sentido ao nosso discurso real.

RITORNELLO

Nietzsche, também, precisa ser lido. E quando se diz que ele, com a sentença: "Não há fatos, há apenas interpretações", inaugura algo como uma espécie de "modernidade", em que a linguagem representativa ou expressiva é mudada para o discurso em jogo-de-espelhos,[22] é possível, também, decifrá-lo dessa perspectiva.

A *questão* é pensar, justamente, o transcendental em sua tautologia; e esse é também o *problema*. Pensar o transcendental como um desarraigamento da terra que não leve a enraizar-se em nenhum sobrenatural, um supra-sensível em que esse "supra" não indique nenhum lugar; não ceder às ilusões topológicas do pensamento objetivante que projeta espaços além do mundo ou, em suma, poder ler a palavra *utopia* em sua etimologia mais estrita (*ou topos*); pensar o transcendental, literalmente, em sua "pureza", sem nenhum "idealismo subjetivo", sem nenhum "imperativo categórico", sem nenhuma doutrina, como a exata medida de "liberdade" necessária para que as coisas coincidam consigo mesmas e o "outro mundo" perca seu sentido — pois, mesmo quando parece que essa "liberdade" ou "transparência" não é nada, é preciso dizer ainda que há aqui um "nada" bem pertinaz, tanto que mais tarde, certa vez, houve quem se confundisse pessoalmente com ele:[23] — foi isso, sem dúvida, o que se propôs, com maior ou menor clareza, o idealismo pós-kantiano; e talvez seu estudo possa ensinar os riscos e custos, os visgos e sustos dessa aventura.

Fazer com que o "outro mundo" perca seu sentido: trazer o sentido de volta para o "mundo" ou não dar sentido ao sem-sentido real. Isso requer que se seja capaz de uma leitura rigorosa. Assim, é para o problema da leitura que a questão faz sinal. Nietzsche também não é insensível a ela, em todos

---

22) Michel Foucault, "Nietzsche, Freud, Marx", in *Nietzsche, Cahiers de Royaumont, Philosophie*, n. 6. Paris, Minuit, 1967, pp. 183-200.

23) Conta Merleau-Ponty (*Sens et non-sens*) que Sartre costumava dizer: "Quando me falam da liberdade é como se me falassem de mim"; e comenta: "Ele se confunde com essa transparência e essa agilidade que não é deste mundo".

os seus níveis de rigor; testemunha disso, por exemplo, o aforismo 270 ("Da arte de ler"), de *Humano, demasiado humano*:

> A Idade Média inteira era profundamente incapaz de uma explicação rigorosamente filológica, isto é, do simples querer-entender aquilo que o autor diz — foi alguma coisa encontrar esses métodos, não os subestimemos! Toda a ciência ganhou em continuidade e constância, somente porque a arte da leitura correta, isto é, a filologia, chegou a seu ápice.

Kant, com a navalha da *Crítica*, pretende cortar a possibilidade de que as significações vazias, instrumentos de leitura da experiência, fossem projetadas no além e recheadas de fantasmas. Nietzsche, com o instrumento da filologia, está atento para o perigo de, por causa disso, dar um sentido a este mundo, sacralizá-lo da mesma forma que o outro, anexar-lhe um *telos*, torná-lo sobrenatural:

> A ilusão política, da qual sorrio do mesmo modo que os contemporâneos sorriem da ilusão religiosa de outros tempos, é antes de tudo *mundanização*, a crença no *mundo* e o tirar da cabeça "além" e "ultramundo". (...) Meu ensinamento diz: viver de tal modo que tenhas de *desejar* viver outra vez, é a tarefa — pois assim será *em todo caso*! Quem encontra no esforço o mais alto sentimento, que se esforce; quem encontra no repouso o mais alto sentimento, que repouse; quem encontra em subordinar-se, seguir, obedecer, o mais alto sentimento, que obedeça. *Mas possa ele tomar consciência do que* é que lhe dá o mais alto sentimento, e não receie *nenhum* meio! Isso vale *a eternidade*![24]

24) *O eterno retorno*, textos póstumos de 1881, § 27.

Isto apenas para indicar, de maneira muito alusiva e oblíqua, como, no próprio Nietzsche, o pensamento *transcendental*, entendido como tautologia, é eficaz para pensar, para ler e recolher (*lesen*) a "inocência do vir-a-ser". Em Nietzsche, esse esquema de leitura se chama "o eterno retorno".

Pensar o particular sem subsumi-lo a regras, fazê-lo retornar sobre si mesmo e se confirmar, em uma legalidade livre que não recorre a nenhum modelo ideal, a nenhuma lei, a nenhum além, como ocorre no exemplo do juízo de

25) Sobre este ponto, cf. toda a *Crítica do juízo* e, em especial, a "Primeira introdução à crítica do juízo", secção V.

26) *Para além de bem e mal*, aforismo 44.

gosto, é o que Kant chama de *juízo reflexionante*;[25] fazer com que o *todo* reflita sobre si mesmo, que tudo retorne, que o vir-a-ser coincida consigo mesmo, se confirme e seja incomparável, que a ampulheta cambalhote eternamente sobre si mesma, é como Nietzsche, para além do niilismo, passando através do niilismo, encontra a fórmula da afirmação. Da afirmação do mesmo ou, etimologicamente, da *tautologia*.

Denunciada, pois, a *virtus dormitiva* da tautologia transcendental, "nós, cuja tarefa é estar acordados", não podemos dispensar o poder de vigilância que gera e desfaz também o sonho. É essa faculdade de leitura que permite ler a "ótica-de-perspectivas da vida" como auto-suficiente, sem opor-lhe nenhuma verdade, por mais transcendental que seja. Por isso os "espíritos livres" são também, entre tantas outras coisas, "às vezes orgulhosos de tábuas de categorias".[26]

Para lembrar isso e, em vez de desdenhar metafisicamente a leitura rigorosa, a repetição do texto, a tentativa de "querer-entender simplesmente o que o autor diz", notar que esse desdém é uma outra repetição, uma outra leitura, disfarçada — nem é preciso falar do que é mais patente (por exemplo, que também a "economia política" comporta leituras em vários níveis, entre os quais, sem dúvida, uma leitura *crítica*, uma radicalização de perspectivas). Basta evocar o caso mais clássico de Lutero, cuja *Reforma*, pelo menos, propunha simplesmente uma *releitura* da Bíblia, que não ficou sem conseqüências. Kant não poderia também ser lido como o equivalente conceitual disso? E uma *leitura* rigorosa, sem o redobro desse *re-*, não levaria, talvez, mais longe? Tudo isso é problema, tudo isso, talvez sem provocar nenhum pensamento determinado, dá muito o que pensar.

Em conclusão, já que começamos com uma revoada de pombas, reais ou fictícias, podemos terminar com o vôo de uma outra pomba, mais célebre esta, mas desta vez solitária — aquela que está voando ainda na Introdução (secção III) da *Crítica da razão pura*:

> Encorajado por uma tal demonstração da potência da razão (encontrada na matemática), o impulso de ampliamento não vê

limites. A leve pomba, quando em livre vôo fende o ar, cuja resistência ela sente, poderia formar-se a representação de que no vácuo teria ainda melhor êxito. Assim abandonou Platão o mundo dos sentidos, porque este põe limites muito estreitos ao entendimento, e se aventurou para além deles, sobre as asas de Idéias, no espaço vazio do entendimento puro.[27]

Kant se refere, aqui, à ilusão que entusiasma e dá asas à metafísica: mas é o ar, e não o vácuo, que torna possível o vôo. Aqui, depois de tanto falar em leitura, poderíamos pensar nessa condição da leitura que é a *resistência* do texto; mas também em muitas outras coisas.

27) Kant, *Kritik der reinen Vernunft*, A 4-5, B 8. Em vez de "encorajado", a 2. ed. traz: "levado", "tomado" (*eingenommen*); em vez de "põe limites muito estreitos", a 1. ed. traz: "coloca muitos obstáculos".

À sombra do Iluminismo

Cinismo ilustrado

As páginas que seguem contêm, como sempre, uma glosa em torno do lugar do filósofo, desse cidadão que, olhado de fora, pode muito bem ser reconhecido na figura deslocada e um pouco ingênua de Hans Immerwahr (naturalizado: Joãozinho Falassério), mas visto mais de perto se dá a conhecer, sem perigo de erro, pela astúcia que sabe empregar para manter-se sempre fora de lugar — além, acima ou à margem, que seja — defendendo com ciúme esse exílio privilegiado. Epiciclo de Mercúrio, ponto de vista de Sirius ou tonel de Diógenes, é certo, são apenas algumas das imagens em que se delineia essa teimosa utopia, *habitat* natural do parceiro arisco que nunca se põe inteiro em cena.

A cena, desta vez, tal como foi montada pela filosofia clássica das Luzes, põe em confronto o filósofo ilustrado e o antifilósofo cínico, num jogo de espelhos e de provocação que talvez não tenha esgotado ainda todos os seus recursos. Está registrada, até onde pode ser lida, no livro de Diderot, *O Sobrinho de Rameau*, e o trecho em que ganha maior agudeza será, talvez, este que transcrevemos abaixo, na tradução de Marilena Chaui:[1]

> EU (*o Filósofo*) — Estais também, para servir-me de vossa expressão, ou de Montaigne, "empoleirado no epiciclo de Mercúrio", fazendo considerações sobre as pantomimas do gênero humano.
> ELE (*Rameau Sobrinho*) — Não, não. Sou muito pesado para elevar-me tão alto. Deixo para os grous a viagem pelo nevoeiro. Sou terra a terra. Olho à minha volta, tomo minhas posições, divirto-me com as dos outros. Sou um excelente pantomimista, como ireis julgar.
> Começa a rir, remeda o admirador, o suplicante, o complacente. Põe o pé direito para a frente e o esquerdo para trás, dobra as costas, ergue a cabeça, o olhar como se estivesse preso sobre outros olhos, a boca entreaberta, o braço estendido para algum objeto. Espera uma ordem. Recebe-a e parte como

1) Esse texto encontra-se no volume *Diderot*. Col. Os Pensadores, São Paulo, Abril Cultural, 1973, pp. 378-79.

um corisco; volta, cumpriu e presta contas. Está atento a tudo. Apanha o que cai; coloca um travesseiro ou um tamborete sob os pés; segura um pires; aproxima uma cadeira; abre uma porta; fecha uma janela; puxa uma cortina; observa o patrão e a patroa, fica imóvel, braços pendurados, pernas paralelas; escuta, procura ler nos rostos e acrescenta: "Aí está minha pantomima, mais ou menos como a dos bajuladores, dos cortesãos, dos criados e dos mendigos".

As loucuras deste homem, os contos do abade Galiani, as extravagâncias de Rabelais muitas vezes me fizeram meditar profundamente. São três armazéns onde pude prover-me de máscaras ridículas que coloco sobre os rostos das mais graves personagens. Vejo Pantalon num prelado, um sátiro num presidente, um suíno num cenobita, uma avestruz num ministro, uma gansa em seu primeiro-oficial.

EU — Mas pela vossa conta há muitos patifes neste mundo e não conheço um que não saiba alguns passos de vossa dança.

ELE — Tendes razão. Em um reino somente o soberano anda. O resto só faz posições.

EU — O soberano? Ainda há algo a dizer. Acreditais que quando em vez não encontra ao seu lado um pezinho, uma trancinha ou um narizinho que não o levem a fazer um pouco de pantomima? Todo aquele que precisa de outrem é indigente e faz posições. O rei faz posições diante de sua amante e de Deus — dá seu passo de pantomima. O ministro dança como cortesão, bajulador, criado ou patife diante do rei. A massa dos ambiciosos, diante do ministro, dança vossos passos de mil modos, um mais vil do que o outro. O abade de categoria, em peitilho rendado e manto longo, diante do depositário da folha de pagamento, pelo menos uma vez por semana. Palavra, o que chamais pantomima dos mendigos é a grande ciranda da terra. Cada um tem sua pequena Hus e seu Bertin.

ELE — Isso me consola.

Mas, enquanto eu falava, ele rolava de rir arremedando as posições das personagens que eu ia citando. Por exemplo, para o abadezinho, punha o chapéu sob o braço, segurava o breviário com a mão esquerda e com a direita levantava a cauda do manto. Avançava com a cabeça meio jogada sobre o ombro, olhos baixos, imitando tão perfeitamente o hipócrita, que acreditei ver o autor das Refutações diante do bispo de Orléans. Para os aduladores e ambiciosos, rastejava. Era Bouret diante do tesoureiro-geral.

EU — Soberbamente executado. Há, porém, um ser que não precisa da pantomima — o filósofo, que nada tem e nada pede.

ELE — E onde está esse animal? Se nada tem, sofre; se nada pede, nada obterá e sofrerá sempre.

EU — Não. Diógenes zombava das carências.

ELE — Mas é preciso vestir-se.

EU — Não. Andava completamente nu.

ELE — Às vezes fazia frio em Atenas.

EU — Menos do que aqui.

ELE — Comia-se lá.

EU — Sem dúvida.

ELE — A expensas de quem?

EU — Da natureza. A quem se dirige o selvagem? À terra, aos animais, aos peixes, às arvores, às ervas, às raizes, aos regatos.

ELE — Mesa ruim.

EU — Grande.

ELE — Mal servida.

EU — Contudo, é dela que se tira para cobrir as nossas.

ELE — Mas deveis convir que a habilidade de nossos cozinheiros, confeiteiros, vendedores de assados, quituteiros põe um pouco de seu. Com a dieta austera de vosso Diógenes, ele não deveria ter órgãos muito indóceis.

EU — Estais enganado. Outrora, o hábito do cínico era nosso hábito monástico com a mesma virtude. Os cínicos eram os franciscanos e carmelitas de Atenas.

ELE — Agora vos peguei. Diógenes também dançou a pantomima, se não diante de Péricles, pelo menos diante de Laís e de Frinéia.

EU — Enganais-vos ainda. Os outros compravam caro a cortesã que se entregava a ele por prazer.

ELE — E se a cortesã estivesse ocupada e o cínico apertado?

EU — Entrava em seu tonel e passava sem ela.

ELE — E me aconselhais imitá-lo?

EU — Quero morrer se isto não for preferível a rastejar, aviltar-se e prostituir-se.

ELE — Mas preciso de boa cama, boa mesa, roupa quente no inverno, roupa fresca no verão, repouso, dinheiro e muitas outras coisas. Portanto, prefiro devê-los à benevolência do que adquiri-los pelo trabalho.

EU — É que sois preguiçoso, glutão, frouxo, e tendes uma alma enlameada.

ELE — Creio que eu próprio vo-lo disse.

Comentar esse texto — como é o projeto — do ponto de vista da questão enunciada seria, então, analisá-lo em sua estrutura ou em seu "drama", não somente como testemunho de um acontecimento na história da filosofia moderna (o encontro da Ilustração com seus limites) — e deixando de lado, ou apenas em filigrana, os problemas de erudição ou de interpretação que poderiam cercá-lo (como se insere na *obra* de Diderot, como *datá-lo*, até onde vai, se existe, a co-*autoria* de Goethe, qual o papel de cada personagem no *pensamento* de Diderot, qual dos dois é o porta-voz das *idéias* do autor, etc.). Obra, data, autoria, pensamento e idéias à parte, interessa, aqui, o *enjeu* dessa confrontação entre o enciclopedista, defensor da sã razão e dos bons sentimentos, e seu interlocutor desconcertante: o boêmio, o farsante, bufão musical impertinente com quem ele puxa conversa por entretenimento, e que acaba confundindo-o, levando-o a contradizer-se ou desdizer-se, abalando momentaneamente sua relação estável com a verdade. O jogo entre dois discursos, como iria dizer Hegel mais tarde: o da "consciência honesta" e o da "consciência dilacerada".[2]

Eis, pois, o filósofo às voltas com seu cínico, que se põe francamente do lado de Diógenes e Frinéia, preferindo esses modelos aos de César, Marco Aurélio e Sócrates,[3] e com sua dialética, *socrática* talvez, em seus efeitos de superfície, pois obriga o interlocutor seguro de si ora a contradizer-se para salvar seus princípios, ora a mudar de princípios para salvar-se da contradição, mas *anti*-socrática em sua superficialidade de fundo, pois não o faz em nome de nenhuma aproximação da Verdade, mas apenas para deixar reinar solta e soberana a aparência. Eis, pois, o filósofo em apuros, "confundido com tanta sagacidade e baixeza, com idéias tão corretas e ao mesmo tempo tão falsas, uma perversidade tão geral dos sentimentos, uma torpeza tão completa e uma franqueza tão incomum".[4] Confundido, mais que isso: surpreendido, com a revelação da fragilidade de seus próprios bons sentimentos, de sua crença no progresso, de seu otimismo, de sua tolerância — em suma, de sua *Aufklärerei*, de sua... Ilustração: — "Havia em suas palavras muita coisa que pensamos, que dirige nossa conduta, mas que calamos. Na verdade, essa é a diferença mais notável entre meu homem e nossa vizinhança. Confessava seus vícios, mas não era hipócrita. Não era nem mais nem menos abominável que os outros, somente mais franco, mais conseqüente e por vezes mais profundo em sua depravação."[5]

2) Hegel, *Fenomenologia do espírito*, Suhrkamp, III, 386; trad. Hyppolite, II, 80.

3) Cf. Diderot, Col. Os Pensadores, op. cit., p. 341.

4) Idem, p. 347.

5) Idem, p. 374.

Diante desses abismos do cinismo, que fazem a própria hipocrisia perder pé e aparecer quase como um jogo virtuoso, o filósofo, cada vez que dá um passo em falso, se defende como pode, pelo desprezo, pelos insultos, pela ironia tolerante e até mesmo pela recusa da discussão: — "(...) Guardemo-nos de explicar-nos. / ELE — Por quê? / EU — Porque temo que só concordemos em aparência (...). / ELE — E que mal há nisso? / EU — Deixemos esse assunto, repito".[6] De fato, o cínico adere a seu discurso a tal ponto que não mente: não fala *contra* a verdade, pois não fala *em nome* dela; não é moral nem imoral, pois não opera sobre o pressuposto dessa distinção; não é hipócrita: não esconde seu ser verdadeiro, pois não é nada "no fundo", não tem nenhuma essência. E os próprios insultos que lhe são dirigidos não o atingem, ele os retoma e os devora no torvelinho de seu discurso: "Sabeis que sou um impertinente, um ignorante, um louco, um preguiçoso, velhaco, guloso" — e tudo o mais que o outro lhe queira imputar. Desarma, assim, até mesmo o último recurso que resta ao filósofo para exorcizá-lo: bani-lo — de seu ponto de vista — à exterioridade da irrazão, da loucura. É com essa figura, pois, que o filósofo ilustrado — nutrindo no fundo, quem sabe, uma secreta inveja desses "privilégios" — tem de se haver: com seu reverso talvez, sua imagem invertida, talvez seu pesadelo.

6) Cf. Diderot, Col. Os Pensadores, op. cit., p. 375.

Posto o homem do universal diante desse comparsa singular, é justamente sua estratégia que é interessante examinar, neste texto que ele abre lançando mão de um último estratagema: a tentativa de seduzir o interlocutor numa reconciliação ideal. Falar contra a filosofia também é filosofar, o negador também fala do ponto de vista de Sirius: de onde pode vir esse ceticismo tão radical, senão do homem que contempla as mazelas humanas "empoleirado no epiciclo de Mercúrio"? Aí está a *excentricidade* domada, elevada à dignidade do *descentramento*. Mas note-se, desde já, a diferença de *estilo*: a expressão "epiciclo de Mercúrio" é de Montaigne, e compete ao filósofo restabelecer as aspas e devolver as honras ao autor, pois, dos dois, é ele quem detém a erudição e o sentimento de justiça — o sobrinho já a havia devorado em seu discurso irrefreado, antropofágico.

7) Cf. Diderot, Col. Os Pensadores, op. cit., p. 343.

8) Idem, p. 378.

9) Idem, p. 353.

O texto vem logo depois de uma nova rasteira do antifilósofo. O filósofo acaba de cair de novo na velha cilada: — *Indistinção do bem e do mal.* — *Sim: teodicéia!* — *Ah, não: ordem social!* — derrota ainda mais desencorajadora por ser a repetição da mesma "pegada". É o próprio modelo estrutural do jogo que se repete, desse jogo em que ele é levado às cambalhotas e que, a cada novo passo, converte novamente sua auto-suficiência em ingenuidade. Para admitir a confusão do bem e do mal que lhe é proposta, para poder contê-la em sua "compreensão" ilustrada (ele não é "homem de preconceitos"...), o filósofo volta a recorrer à sabedoria da ordem natural, que governa essas linhas tortas, para que já o interlocutor lhe esteja lembrando a ordem social — a teodicéia "cheira a filosofias"...[7] E vê-se forçado a aceitar a descrição dessa "ordem onde não se tem sempre o que comer", onde, se é um arranjo da Natureza "ter apetite", o homem não tem outra saída senão a pantomima: — "salta, se arrasta, se contorce, passa a vida a tomar e a executar posições".[8] Diante disso — e o filósofo, mais uma vez, não tem onde se segure — "justifica-se" esse bailado grotesco, "justificam-se" os *idiotismos* morais. Assim como não há gramática universal — argumenta Rameau Sobrinho — a própria moral universal é um particularismo, idiossincrasia de "uma alma singular, de um gosto singular", esquisito, de "vós outros, filósofos".[9]

E é nesse ponto — posto à beira da liquidação geral — que o filósofo esboça sua tentativa de confraternizar com seu Outro, de chamá-lo junto de si para o céu dos filósofos: eis o antifilósofo, filosoficamente, "fazendo considerações sobre as pantomimas do gênero humano". Como não? Aqui, ainda, a Ilustração se mantém, serena, em sua natureza, crítica das instituições, do clero, do obscurantismo, dos costumes — e ainda, por uma última pontinha, crítica de si mesma. *Tour de force* das luzes da reflexão: aqui a palavra "consciência" consegue manter colados seus dois sentidos, *Bewusstsein* e *Gewissen*, lucidez e moral.

Mas não: uma vez mais, o cínico não cai na armadilha: — "Não, não. Sou muito pesado para elevar-me tão alto. (...) Sou terra a terra. (...) Tomo minhas posições, divirto-me com as dos outros. Sou um excelente pantomimista, como ireis julgar". E era *isto* que ele queria dizer algumas linhas mais acima: — "Estou neste mundo *e aqui fico*". E, como se não bastasse, *pratica o que diz*, entra em pantomima. Estranho atendimento ao adágio fichtiano que manda fazer coincidirem o *Sagen* e o *Tun*, o dizer e o fazer. É que o discurso da aparência sem essência não tem limites, é gestual também, cantado, declamado em falsete, mímico, musical — precisaríamos chegar até Nietzsche para compreender o alcance dessa prolixidade do corpo, da voz, do discurso transgressor por inteiro.

Porém o filósofo — nós o compreendemos — não despreza o "ensinamento" que pode ir buscar nos "armazéns" das "loucuras desse patife": — "Muitas vezes (pondera) me fizeram meditar profundamente". Longe de rejeitar essa "lição", vem mais uma vez tentar reabsorvê-la no seu discurso sensato: — Sim, bem observado, "há muitos patifes no mundo e não conheço um que não saiba alguns passos de vossa dança".

Desponta, afinal, o acordo almejado, a "sabedoria" compartilhada? A resposta do patife parece confirmá-lo (mas atenção!): — *Tendes razão. Em um reino somente o soberano anda. O resto só faz posições.*

— Não, não! — atalha o filósofo. — Não fiquemos nisso. Com uma exceção mais lisonjeira em mente, ele pode agora, pela primeira vez, dar-se o luxo de ser o mais radical dos dois: — Até mesmo o soberano não achará alguma vez "um pezinho, uma trancinha, um narizinho" que o obriguem à pantomima? O rei diante da amante ("(...) e de Deus"!), o ministro diante do rei, os ambiciosos diante do ministro... O filósofo triunfa, cético, niilista: — "Palavra, o que chamais pantomima dos mendigos é a grande ciranda do mundo".

Mas o sobrinho de Rameau já se recusara mais de uma vez a ser seu cúmplice no ceticismo desencantado, manso, mesmo sob a figura, tão cara ao Iluminismo do século, do ingênuo desmistificador. Que o filósofo não venha colecioná-lo na galeria em que figuram o iroquês de Voltaire, o *enfant sauvage*, o taitiano do *Supplément au Voyage de Bougainville*, o cego ou a estátua de mármore. Todas essas ficções do Outro, que serviram de mão-de-gato ao século XVIII, como instrumentos de desmistificação da cultura, são *suas* ficções, participam daquela universalidade tão ao gosto do gosto particular, bizarro, do filósofo dos bons sentimentos. Mas, na pantomima solta de Rameau Sobrinho, não é o marciano de Voltaire, mas o homem *deste mundo* e que quer ficar nele, quem acompanha a fala do filósofo das Luzes com os passos de sua insensata *mise-en-scène*, quem *ilustra* concretamente o dizer "ilustrado".

O filósofo se apercebe disso? Pouco importa: está muito entretido arquitetando o próximo lance, sentindo-se de posse de um bom trunfo. Ei-lo. Finda a pantomima, depois de aplaudir cortesmente, a "consciência honesta" abre seu jogo e faz sua própria ressalva à "grande ciranda" dos interesses: — "Há, porém, um ser, que não precisa de pantomima — o filósofo, que nada tem e nada pede". Golpe de mestre, ou novo passo em falso? A continuação mostra — nos próximos passos que esse parceiro terá de dançar — que o desfecho é pelo menos problemático.

* * *

De fato, a deixa só serve para fazer relançar-se, ainda mais ferozmente, a pergunta pelo lugar do filósofo: — "E onde está esse animal?". Mostre-me onde achar esse espécime raro, inapetente, assexuado, que se põe além das carências... E o resultado do diálogo rápido, teimoso, em *pizzicato*, que então se trava, não poderia ser mais surpreendente: o filósofo, para se defender do cínico, vai buscar refúgio no... cinismo. Pronto a distinguir, como homem de bem, entre dois "cinismos", talvez, um "bom" e um "mau", assim como mais tarde aprenderá a distinguir entre um bom e um mau infinito, por exemplo; ou pelo menos disposto, enquanto sua manha não atingiu ainda esses refinamentos, a restituir ao cinismo histórico, "bem compreendido", sua dignidade em companhia do filósofo. Sim, esse "animal" é o filósofo, seu modelo é Diógenes ("o *vosso* Diógenes" — como nota certeiramente o Sobrinho). É ele quem se livra da exigência geral da pantomima, da indigência social, da "necessidade do Outro", e não precisa fazer micagens, porque, no final das contas, basta-se a si mesmo.

Que se meça, então, até onde o filósofo é acuado, vítima de sua própria complacência, nesse jogo perigoso com o antifilósofo: ao cinismo. E que "cinismo" é esse, revisitado pela sã razão: Diógenes, o ex-"descarado" do sobrinho de Rameau,[10] na falta de Frinéia, volta a seu tonel *e passa sem ela*. Assim, a consciência ilustrada, o homem dos bons sentimentos e da sabedoria da natureza — termina com o elogio do gozo solitário: — "Quero morrer se isso não for preferível a rastejar, aviltar-se e prostituir-se". E quando, neste ponto, o antifilósofo, sem cogitar de censurar-lhe pudicamente essas más turvações de suas luzes (como, afinal, escandalizá-lo?), vai recordar-lhe mais uma vez as carências sociais, materiais, mais uma vez a necessidade do Outro para seu próprio conforto de burguês bem pensante (*deste* filósofo, do século XVIII, aqui presente, vestido e nutrido), não lhe ocorre manter a coerência dessa própria contradição em que caiu, não lhe vem ao espírito a resposta espirituosa (mas Hegel já terá indicado, mais tarde, que o *Geistreich* é o apanágio da "consciência dilacerada", e não da "consciência honesta") — e o filósofo não enuncia o dito do Diógenes da lenda, em resposta às censuras contra o prazer solitário: — "Quem me dera poder também saciar minha fome coçando minha barriga". Não: não aceita dilacerar-se tanto, seu último recurso é novamente a indignação, seu cinismo era moral ainda — ele falava a sério quando o qualificou de *franciscano* — e só lhe resta, pela última vez, a saída "monossilábica" da injúria: — "É que sois preguiçoso, glutão, frouxo, e tendes a alma enlameada". Recurso inútil, e que já demonstrara sua inutilidade outras vezes.

E é possível interromper a leitura nesse ponto, no momento em que o Sobrinho lhe lembra, mais uma vez, displicentemente, essa inutilidade: — "Creio que eu próprio vo-lo disse". Está-lhe lembrando que ele não fez mais, nesse seu acesso de *Einsilbigkeit*, como diz Hegel na *Fenomenologia do espírito*, do que cometer novamente "a tolice de pensar que diz algo de novo e diferente. Mesmo suas sílabas *vergonhoso, vil*, já são essa tolice, pois o outro as diz de si mesmo".[11]

Que, com essa derrota por pontos, o filósofo ilustrado do século XVIII não se abale duradouramente, que embora em

10) Cf. Diderot, Col. Os Pensadores, op. cit., p. 341.

11) Hegel, *Fenomenologia do espírito*, Suhrkamp, III, 387-88; Hyppolite (trad.), II, 81.

apuros ele saiba rejeitar o discurso do Outro para o totalmente-outro, para a loucura, e siga seu caminho — não é suficientemente reconfortante. O que vem a calhar, a sério mesmo, do ponto de vista da estratégia do filósofo, são justamente esses seus apuros diante das estripulias do antifilósofo. Como fica, no saldo desse confronto, sua relação com as pantomimas, das quais não pode mais salvar-se empoleirando-se com os grous no epiciclo de Mercúrio? O que fica, no balancete da relação entre esses "dois" cinismos, além da má consciência do semicinismo quase assumido?

* * *

É instrutivo trazer à leitura, para marcar melhor a travação conceitual do texto de Diderot, um outro texto, porta-voz de uma outra volta da Ilustração, em que se delineia precisamente um ensaio de administrar essa relação do discurso ilustrado com seu Outro, com sua inserção no social e na pantomima geral. Kant, em artigo que dedicou a examinar "o que é a Ilustração" (*Was ist Aufklärung?*), propõe uma solução engenhosa para o desenvolvimento das Luzes, estudando o melhor modo, para a humanidade, de beneficiar-se com o uso livre da razão que lhe é concedido. Distingue, para o exercício dessa liberdade (a valiosa *Denkfreiheit*), dois usos: o *uso público*, que não deve sofrer restrição de espécie nenhuma, e o *uso privado*, que pode estar sujeito a restrições sociais. Nessas condições, o mesmo indivíduo pode, como *Gelehrte* e cidadão do universo, exercer seu pensamento ilimitadamente, submeter a livre exame todas as verdades instituídas, enquanto em seu ofício, quando não fala em seu próprio nome, como intelectual cosmopolita, mas em nome de outrem, deve restringir-se ao aceite, à doutrina, ao institucional. Assim o sacerdote, o professor, quando tomam a palavra no exercício de suas funções.

Ou seja, traduzido na linguagem mais colorida do enciclopedista: *em parte*, exercer as pantomimas sociais, praticar os idiotismos do *métier*, sem prejudicar a ordem estabelecida; *em parte*, dar asas à liberdade ilimitada de pensar, alçar-se ao epiciclo de Mercúrio, desde que em público, como autor de livros e de artigos, escritor e cidadão do mundo. Eis a única maneira de não se ser mais obrigado a dizer à humanidade: — "Não raciocineis, mas exercei; não raciocineis, mas acreditai!" — e de poder dizer-lhe tranqüilamente: — "Raciocinai, tanto quanto quiserdes e sobre o que quiserdes". Mas qual é a condição dessa reconciliação?

E é aqui justamente a ressalva feita *pelo sobrinho de Rameau* à pantomima universal (cf.: "Em um reino somente o soberano anda; o resto só faz posições") que vai aparecer como mais conforme à Razão (embora, aos olhos de Kant mesmo, desemboque num paradoxo), do que a radicalização apressada, feita pelo filósofo ilustrado de Diderot, e que o empurrava na direção do cinismo bem pensante. Pois o complemento e o sustentáculo da frase iluminadora: — "Raciocinai quanto quiserdes" — é: *"MAS OBEDECEI".* Quem é esse soberano, único que anda, enquanto os outros "fazem posições", para ser capaz de autorizar e tornar possível a Ilustração?

Leia-se por inteiro o texto que consagra essa curiosa fórmula para verificar como o paradoxo vai trabalhar agora a serviço da filosofia, graças à introdução explícita de um novo comparsa, que, em vez de dançar, *marcha* — graças, enfim, à introdução, ou melhor, à explicitação do *poder*. Com a palavra, Kant, o cosmopolita:

> Mas também somente aquele que, ele mesmo ilustrado, não tem medo de sombras, mas ao mesmo tempo tem na mão um exército numeroso e bem disciplinado para garantia da paz pública, pode dizer aquilo que um Estado livre não pode ousar. *Raciocinai, quanto quiserdes e sobre o que quiserdes, mas obedecei!* Assim, mostra-se aqui uma marcha estranha e inesperada das coisas humanas: assim como, de resto, para quem a considera em grande escala, tudo nela é paradoxal. Um grau maior de liberdade civil parece vantajoso à liberdade de *espírito* do povo, e no entanto lhe impõe limites intransponíveis: um grau menor, em contrapartida, proporciona-lhe espaço para expandir-se em toda sua capacidade. Quando então a natureza, sob essa dura casca, tiver desenvolvido o germe, do qual cuida com o maior dos carinhos, ou seja, a propensão e a vocação para o *pensamento* livre, esta retroage gradualmente sobre o modo de sentir do povo (que com isso se torna cada vez mais apto *a agir em*

12) Kant, "Beantwortung der Frage: Was ist Aufklärung?", A 494.

liberdade) e por fim até mesmo sobre os princípios do *governo*, o qual acha conveniente a si mesmo tratar o homem, que agora é *mais que máquina*, em conformidade com sua dignidade.[12]

Assim, o *uso público* da liberdade de pensar tem, no fundo, um sentido bem mais íntimo. Não é tanto o *Gelehrte* empoleirando-se (nas horas vagas) no epiciclo de Mercúrio que se desenha aqui, mas talvez — não se poderia imaginar? — o Ilustrado kantiano, sob a "dura casca" do tonel de Diógenes (que não deixa de ter seu isomorfismo com o tonel das Danaides: mas por onde, *por onde* vaza?), o cínico transcendental agora, sob essa "dura casca", desvelando-se, com seu maior carinho, pelo desenvolvimento do pendor e da vocação para a liberdade.

Talvez haja algo de "desnaturado", *quand même*, em interpretar essas práticas como imputáveis ao cinismo franciscano. O certo, porém, é que o nome da razão esclarecida aumentou seu campo denotativo e que, de qualquer forma, o filósofo ilustrado (sabe-se bem à custa de que elaboração, pois por trás disso vai toda a sustentação da filosofia crítica e da descoberta do transcendental) ganhou o direito a um novo cinismo, pelo menos a um cinismo mais duro, que lhe permite dizer de rosto aberto: — "Sob esse aspecto esta época é a época da Ilustração, *OU* é o século de *Frederico*".[13] Segundo Rameau Sobrinho, Diógenes, embora à mercê do desejo e palhaço de Laís e de Frinéia, não teria dançado sua pantomima diante de Péricles, no século respectivo.

13) Idem, A 491.

Em todo caso esse rearranjo, por assim dizer administrativo, tem muito que ver com o destino do *Sobrinho de Rameau*, o livro, que aqui termina com a despedida da personagem-título, o cínico do século XVIII que entretanto parte, ao dobre das vésperas, acreditando ter mostrado que continua sempre o mesmo e lançando ao eco a exclamação: "Rirá melhor quem rir por último". Prepara, justamente, a apropriação de seu discurso boêmio, descarado, de sua dialética anti-socrática, pela filosofia, pela Dialética mais manhosa que se tornou capaz de reconhecer nele um momento desse "delírio bacante em que nenhum termo está sóbrio", o discurso do Conceito; e, mais que isso, de integrar sua própria figura, justamente como "figura" (*Gestalt*), em uma metapantomima que põe método em sua loucura, que incorpora sua loucura ao método, sabe classificá-la e lhe imputar *verdade*. "é o engano universal de si mesmo e dos outros, e o despudor de dizer esse engano é por isso a mais alta das verdades".[14] Com tanta arte, aliás, que esse discurso indomado, ferrenhamente individual, "idiota" mesmo, é, por cúmulo, identificado e nomeado no universal: seu nome é "espírito da cultura".

14) Hegel, *Fenomenologia do espírito*, III, 387; trad. p. 80.

O filósofo, o homem da "verdade", teve, pois, logicamente, outras artimanhas, e soube devorar no seu discurso o discurso da aparência e toda a musicalidade desse artista fracassado, sobrinho do músico famoso. Quem ri por último? Em todo caso, ri amarelo. A sedução de Engels pelo "Sobrinho" não se nutrirá dessa "verdade", no fim das contas, restaurada?

Será preciso, talvez, que venha Nietzsche recuperar a dança e a autonomia da aparência, Nietzsche que sonhava com *Sócrates músico*, para restituir ao Sobrinho sua dimensão transgressora, sua pantomima musical e gestual, seus modos carnavalescos, e salvar dessas malhas a originalidade do *Sobrinho*, o livro — em que, por assim dizer, a Ilustração morde sua própria cauda e gera seu Outro, mas sem que esse Outro, por ser gerado por ela, lhe seja necessariamente dócil. Mas como dizer, mais uma vez, que esse Sobrinho, que faz o papel-título, detém o "pensamento mais profundo" do livro, se seu elemento é justamente a superficialidade sem fundo?

TOLERAR E VIGIAR

O início e o fim do verbete "Tolerância" do *Dicionário Filosófico* de Voltaire parecem dar o tom das apologias da tolerância que são habituais entre os pensadores ligados ao iluminismo francês do século XVIII e, nessa medida, justificar a associação que o artigo homônimo da *Enciclopédia*, na qualidade de porta-voz do lugar-comum do século das Luzes, irá estabelecer entre "tolerância", "indulgência" e "humanidade". Expostos como são à fraqueza e ao erro, não devem os homens trucidar-se mutuamente por suas divergências de pensamento, mas coexistir pacificamente — única condição razoável, segundo o enciclopedista, para assegurar e, mesmo, acelerar o progresso da Ilustração. Voltaire inicia seu clássico verbete escrevendo: "O que é a tolerância? É o apanágio da humanidade. Somos todos cheios de fraquezas e erros; perdoemos reciprocamente nossas tolices, tal é a primeira lei da natureza". E termina: "É evidente que devemos tolerar-nos mutuamente, porque somos todos fracos, inconseqüentes, sujeitos à mutabilidade e ao erro. Deverá um caniço que o vento verga sobre a lama dizer a outro caniço vergado em sentido contrário: 'Rasteja à minha maneira, miserável, ou apresento queixa de ti, para que te arranquem e te queimem'?".

À intolerância, causa do opróbrio e da infelicidade dos homens, o articulista da *Enciclopédia* vem também opor, quase nos mesmos termos, as "doces e conciliantes virtudes" da tolerância, num artigo que se propõe a tarefa de estabelecer "sobre os princípios mais evidentes" sua justiça e sua necessidade. Eis como se introduz, logo de início, o argumento em favor dessa *virtude*, que, entretanto, longe de ser o "apanágio da humanidade", precisa ser incentivada e cultivada: "A *tolerância* é em geral a virtude de todo ser fraco, destinado a viver com seres semelhantes a ele. O homem, tão grande por sua inteligência, é ao mesmo tempo tão limitado por seus erros e por suas paixões que nunca seria demais inspirar-lhe, para com os outros, essa *tolerância* e esse apoio de que ele tanto necessita para si mesmo e sem os quais não veríamos sobre a terra nada mais que perturbações e dissensões".

A concordância entre esses dois textos, no que se refere ao conceito geral da tolerância, parece bem patente e, ainda mais, exprimir-se quase nos mesmos termos: tampouco faltará, mais adiante, no artigo da *Enciclopédia*, a expressão "suportar-nos mutuamente". Por certo: somos todos falíveis, nossas fraquezas e nossos erros deveriam alertar-nos quanto à relatividade de nosso saber, a "verdade" de que nos julgamos detentores não é assim tão firme para que em seu nome exerçamos a violência contra as verdades rivais, para que lhes lancemos nosso anátema. "Essa horrível discórdia, que dura há tantos séculos, constitui a lição bem expressiva de que devemos perdoar-nos mutuamente nossos erros; a discórdia é o grande mal do gênero humano, e a tolerância é seu único remédio." Quantas frases como esta, do verbete de Voltaire, o enciclopedista não assinaria?

Antes, porém, de fazer o saldo dessas convergências para estabelecer o patrimônio comum do pensamento da tolerância no século das Luzes, é bem mais interessante acompanhar os pontos em que o enciclopedista vai aos poucos divergindo desse pano de fundo uniforme, à medida que se vai delineando com crescente clareza a relação dessa "tolerância" com o progresso das Luzes, para compreender, desse modo, qual é propriamente a função de que ela terá de desincumbir-se, a serviço do programa iluminista.

Quando Voltaire enuncia o "toleremo-nos mutuamente", o "perdoemos mutuamente nossas tolices", não vai nisso nada mais que uma observação de bom senso, quase a constatação, despretensiosa, cheia de naturalidade, de uma "lei da natureza", como ele próprio diz. "Não há quem não convenha nesta verdade, quer a medite a sangue frio em seu gabinete, quer a examine pacificamente com os amigos." Não se trata de fazer a defesa dessa verdade tão banal. Ela é mais de molde a inspirar a comiseração docemente zombeteira pela fraqueza humana que está presente no *Traité sur la Tolérance*, conduzindo a dar menos importância aos dogmas incertos que à virtude dos atos e abrindo caminho para a tolerância universal que se dilui mansamente no deísmo: "Digo-vos que é preciso considerar todos os homens como nossos irmãos: Quê! meu irmão o turco? meu irmão o chinês? o judeu? o siamês? — Sim, sem dúvida: não somos todos filhos do mesmo pai e criaturas do mesmo Deus?". Aqui, a própria reciprocidade da tolerância é apenas conseqüência e correlato de sua universalidade. É assim que, anos mais tarde, já na Alemanha pós-kantiana, poderemos reconhecer um nítido eco dessa mesma postura, no discurso acadêmico *Sobre a dignidade do homem*, com que o jovem professor Fichte encerra o ano letivo em que apresentou pela primeira vez seu "sistema da liberdade" — a doutrina-da-ciência de 1794. Nessas palavras, pronunciadas "não como investigação, mas como efusão do mais arrebatado sentimento *depois* da investigação", parece sobreviver intacta, mesmo depois de passar pelo filtro da filosofia crítica, a "tolerância" de Voltaire: "— Onde quer que habites, tu que simplesmente tens semblante humano; mesmo se, ainda tão perto do limite com o animal, sob o aguilhão do feitor tu plantas cana-de-açúcar, ou se nas costas da Terra do Fogo tu te aqueces à chama que não acendeste, até que ela se extinga, e choras amargamente por não poderes tu mesmo conservá-la — ou se tu me pareces o mais réprobo, o mais miserável dos celerados — és no entanto o que eu sou, pois podes dizer-me: Eu sou. És no entanto meu companheiro e meu irmão".[15] Não será, pois, o pacífico consenso em torno desse sentimento e de sua natural universalidade que irá, aos olhos de Voltaire, constituir problema. O que o intriga, o que suscita seu pensamento, quase como em nome de uma irônica curiosidade antropológica, é o *fato* de tal verdade nunca ter-se imposto naturalmente, é a existência da intolerância — não como algo chocante, não como o inimigo a combater, mas como uma tolice a mais, dessas que justamente tornam a tolerância uma evidência. Ele perguntará, então, pelo "porquê" da intolerância.

15) Fichte, *Sämtliche Werke*, I, 415.

O enciclopedista, por sua vez, é o advogado da tolerância. Ocupa-se dela como seu defensor, pretende promovê-la em nome da boa causa. É o que se denuncia logo em sua primeira frase de definição: a tolerância é uma "virtude", e não simples lei natural, "apanágio da humanidade"; o homem não é apenas "cheio de fraquezas e erro", inconseqüente, sujeito à mutabilidade — se é limitado por isso, é, ao mesmo tempo, "grande por sua inteligência". O "apanágio da humanidade", em vez de ser a tolerância, é justamente o erro, esse "triste apanágio" que torna a tolerância necessária, mas necessária justamente como instrumento de procura da *verdade*.

Todos os temas comuns do verbete e do artigo — por exemplo, o contraste que opõe o fanatismo religioso da Inquisição à tolerância dos princípios cristãos ou a distinção, *crucial*, entre o cristianismo antes e depois de Constantino —, todos esses temas comuns do século vão ter um enfoque diferente, uma vez quando se procura pelas razões da perda da tolerância natural, outra vez quando se pretende instaurar a tolerância em nome da razão e da propagação das Luzes. O defensor da virtude da tolerância, que vai combater por ela contra o "sistema dos intolerantes" e sua injustiça e usar como argumento a relatividade de todas as verdades, a incerteza de todos os princípios — "o que é evidente para um é muitas vezes obscuro para outros" — vai também *excluir* dessa relatividade ao menos uma *evidência*: a das verdades e dos princípios que justificam a tolerância.

Sem dúvida, é doloroso para ele ser obrigado a defender uma verdade tão natural e de evidência tão gritante; mas é seu dever sair em campo como paladino da verdade e "reclamar os direitos da justiça e da humanidade". Eis, pois, seu programa de combate: "Estabeleceremos primeiramente sobre os princípios mais evidentes a justiça e a necessidade da *tolerância* e traçaremos, segundo esses princípios, os deveres dos príncipes e dos soberanos. Que triste ocupação, entretanto, ter de provar aos homens verdades tão claras, tão interessantes, que é preciso, para desconhecê-las, ter-se despojado de sua natureza; mas se ainda há, até neste século, aqueles que fecham seus olhos à evidência e seu coração à humanidade, guardaríamos nesta obra um covarde e culpado silêncio?". É que a relatividade das opiniões, a multiplicidade dos erros, que justificam o acerto de tomar o partido da tolerância o partido de tolerar que haja partidos —, se diz relativamente à *verdade*, uma verdade que não possuo, por certo — e que seria intolerante, justamente, pretender possuir — mas uma *verdade*, em todo caso, que eu busco e que está em meu horizonte; mais que isso, cuja busca é entravada pelo dogmatismo, pelo fanatismo, pela cegueira da intolerância.

Notemos bem, no texto seguinte, qual é a atitude de que se nutre esse empreendimento apologético. Considere-se, logo de entrada, em nome de que unitarismo de princípio se empreende a defesa do pluralismo daquele "toleremo-nos uns aos outros": "Mil caminhos conduzem ao erro, só um conduz à verdade: feliz quem sabe reconhecê-lo! Cada um se gaba disso para seu partido, sem poder persuadi-lo aos outros; mas, se nesse conflito de opiniões é impossível pôr termo às nossas divergências e pôr-nos de acordo sobre tantos pontos delicados, saibamos ao menos aproximar-nos e unir-nos pelos princípios universais da *tolerância* e da humanidade, já que nossos sentimentos nos dividem e não podemos ser unânimes". E eis como, na continuação, a própria experiência da falibilidade, nessa relação difícil com a verdade, abre caminho para a luminosidade desses "princípios universais": "— O que há de mais natural do que suportar-nos mutuamente e dizer a nós mesmos, com tanto de verdade quanto de justiça: — Por que aquele que se engana deixaria de me ser caro? O erro não foi sempre o triste apanágio da humanidade? Quantas vezes acreditei ver o verdadeiro onde em seguida reconheci o falso? Quanta gente já condenei para depois adotar suas idéias? Ah, sem dúvida adquiri de sobra o direito de desconfiar de mim mesmo e me guardarei de odiar meu irmão porque ele pensa diferente de mim!". Há, pois, uma dupla função, contraditória, da "insuficiência de nossas luzes e diversidade de nossas opiniões": a primeira, justa, conforme à razão, de conduzir aos princípios da tolerância e da concórdia; a segunda, cruel, injusta, de gerar a intolerância e a discórdia. Única saída, então, para o *honnête homme* bem pensante, que quer ver prevalecer a luz sobre as trevas da barbárie: *demonstrar a verdade* (a justiça e a utilidade) da tolerância e combater a *falsidade* (a injustiça e a nocividade) da intolerância.

Deveríamos então dizer que, aqui, o defensor do relativismo se julga também o detentor de uma verdade pelo menos, a verdade da tolerância, e que desse modo a tolerância é intolerante com a intolerância? Seria forçoso admitir que, nesse caso, Voltaire, com seu olhar irônico sobre a intolerância, sem querer ser o paladino da tolerância, é mais coerente, pratica aquilo que diz, enquanto o enciclopedista, se não se contradiz, pelo menos se contrafaz, se desmente naquilo que faz? Talvez, examinando o texto mais de perto, possamos reconhecer, no artigo da *Enciclopédia*, os germes de uma dialética mais sutil — inocente ou maliciosa, pouco importa, mas que talvez ensine a distinguir em estado nascente, nas vicissitudes desse conceito de *tolerância* em vias de formação, o jogo de contradições de que se alimenta o liberalismo.

Primeiro argumento, portanto, em favor da tolerância (e, aliás, como o autor será o primeiro a assinalar, "uma reflexão muito simples"): "a razão humana não tem uma medida precisa e determinada". Conseqüentemente, "ninguém tem o direito de dar sua razão como regra nem de pretender submeter alguém a suas opiniões". Talvez eu próprio esteja em erro, talvez eu venha mais tarde a adotar como minha a idéia daquele que condenei. *Falsa* conseqüência: cegados por essa "insuficiência de nossas luzes", que em vez de nos reconciliar nos divide, "nós nos tornamos os acusadores e os juízes de nossos semelhantes; nós os citamos com arrogância diante de nosso próprio tribunal e exercemos sobre seus sentimentos a mais odiosa inquisição; e, como se fôssemos infalíveis, o erro não encontra misericórdia a nossos olhos". Justamente porque somos falíveis, erigimo-nos em infalíveis. Erigimos nossa particularidade em uma falsa e arrogante universalidade. A universalidade da intolerância é a universalidade do juiz diante da particularidade do réu, quando a conseqüência justa deveria ser a universalidade da tolerância: fraternidade, igualdade entre particulares.

Segundo argumento, mais forte, ainda no plano argumentativo que o autor qualifica de "generalidades". Suponha-se o erro verificável, confirmado. "Não vejo argumento mais forte contra a intolerância: ninguém adota o erro como erro." Para que o erro se transforme em *crime*, para que seja moralmente condenável, é preciso que se comprove "a intenção direta de agir contra suas luzes", é preciso que aquele que está em erro possa ser acusado de "malícia" ou "negligência". E quem pode sondar o fundo das almas, escrutar os corações, arrogar-se o conhecimento divino das intenções? E quem, por outro lado, pode indicar uma verdade tão evidente que a ela ninguém se subtrai sem má-fé? Mesmo o sectário, que tomou o falso pelo verdadeiro e está convicto de estar no verdadeiro, não pode ser culpado: ao homenagear o erro, pensava prestar homenagem à verdade. "Um príncipe não é honrado pelas honras que prestamos àquele que confundimos com ele?" Eis como se resume, portanto, este segundo argumento: "Toda a moralidade de nossas ações está na consciência". Argumento suficientemente forte, também em suas conseqüências, para limitar o próprio direito do soberano: "esse direito expira onde reina o da consciência". Argumento que, por outro lado, já prepara a segunda parte do programa, inicialmente anunciado: o estabelecimento "dos deveres dos príncipes e soberanos" com relação a esses princípios, que estabelecem à luz da evidência a necessidade da tolerância. Para nortear o futuro exame dessa questão, que poderíamos denominar, numa fórmula sucinta, "os limites da tolerância", ou então, mais circunstanciadamente, adotando a formulação que lhe será dada na oportunidade, "dos deveres dos soberanos relativamente às seitas que dividem a sociedade", retenhamos apenas, deste segundo argumento, esta clara lição: "O que faz a essência do crime é a intenção direta de agir contra suas luzes, de fazer o que se sabe ser mal, de ceder a paixões injustas e de perturbar propositalmente as leis da ordem que nos são conhecidas".

Dois argumentos, portanto, um epistemológico e um moral, ambos sustentados pela relação negativa com a verdade. O que me demonstra e me aconselha a tolerância: não posso julgar a *veracidade* do discurso do outro; nem, caso pudesse, poderia julgar sua *verdade*. Não tenho acesso ao saber absoluto nem aos recessos de sua consciência. Tais são os argumentos positivos em favor da tolerância. Tomemos nota de que são fundados em razões negativas quanto à relação com a verdade: ela nos é duplamente inacessível, em si e na consciência do outro.

A segunda parte da argumentação vai, justamente, inverter o processo, e este é o eixo paradoxal do conceito de tolerância defendido na *Enciclopédia*. A tolerância justifica-se positivamente porque a verdade se oculta. Devo ser tolerante na ausência da verdade. Quando a argumentação se torna negativa — mostrar por absurdo a validade da tolerância, demonstrando a inviabilidade de seu contrário —, o nervo da prova estará na positividade da verdade: ela, por si mesma, se apresenta; a verdade se dá, aparece. O texto que faz a transição quase não o prenuncia, mas já anuncia a inversão, rebatendo a parte positiva para o plano da generalidade: "Mas, sem deter-nos nessas generalidades, entremos em algum pormenor; e, como a verdade se estabelece melhor às vezes por seu contrário que diretamente, se mostrarmos em poucas palavras a injustiça e as seqüelas funestas da intolerância, teremos provado a justiça e a necessidade da virtude que lhe é oposta".

Serão novamente dois argumentos, simétricos aos anteriores. O primeiro deles, destinado a estabelecer a completa heterogeneidade entre verdade e violência e assim, pela denúncia de sua contradição interna, levar à auto-supressão o "sistema dos intolerantes", merece ser citado por extenso:

> De todos os meios que empregamos para chegar a algum fim, a violência é seguramente o mais inútil e o menos próprio a cumprir o fim proposto: com efeito, para atingir a um fim, qualquer que seja, é preciso ao menos assegurar-se da natureza e da conveniência dos meios escolhidos; nada é mais sensível, toda causa deve ter em si uma relação necessária com o efeito que se espera dela: de modo que se possa ver esse efeito na causa e o sucesso nos meios; assim, para agir sobre corpos, para movê-los, dirigi-los, se empregarão forças físicas; mas para agir sobre os espíritos, para dobrá-los, determiná-los, serão precisos meios de outro gênero: raciocínios, por exemplo, provas, motivos; não é com silogismos que vocês tentarão abater uma muralha ou arruinar uma fortaleza; e não é com o ferro e o fogo que destruirão erros e corrigirão falsos juízos. Qual é, então, o fim dos perseguidores? Converter aqueles que atormentam; mudar suas idéias e sentimentos para inspirar-lhes idéias e sentimentos contrários; em suma, dar-lhes uma outra consciência, um outro entendimento. Mas que relação há entre torturas e opiniões?

Atribuir à verdade uma causalidade própria, que lhe permite, e unicamente a ela, agir sobre as consciências, é o gesto que sustenta em surdina essa operação. Se é possível opô-la assim à causalidade física e mostrar a incompatibilidade de ambas, é porque se pôde supô-la dotada de eficácia, entendida então como eficácia de outra ordem. Por isso teremos aqui, com os sinais devidamente trocados, o mesmo argumento que, anteriormente, me convencia da impossibilidade de perscrutar a consciência do réu para conhecer a honestidade ou malícia de sua intenção — a diferença entre o exterior e o interior — repetido como expressão de minha impotência para convertê-lo através de suplícios. A minha "verdade", que quero extorquir dele através desses meios, é a sua "mentira", e é justa a queixa da vítima: "Vós torturais outros culpados para extrair deles a verdade, e vós me torturais para me arrancar mentiras".

Mais que isso — e aqui o segundo argumento negativo vai afirmar a dignidade da verdade em toda a sua positividade — quem usa desses recursos para defender a verdade está na realidade ofendendo-a, pois, por mais verdadeira que seja a fé dos inquisidores e ela é a verdadeira —, essa verdade se corrompe no momento em que é afirmada assim e defendida graças a esses recursos; e este é o ponto em que a relação entre a "tolerância" e o otimismo do século das Luzes parece encontrar sua expressão mais viva: "Não, digam o que disserem, a verdade só precisa de si mesma para se sustentar e para cativar os espíritos e os corações; ela brilha por sua própria luz e só combate com suas armas; é de seu seio que ela tira seus traços e sua luz; ela se envergonharia de um socorro estrangeiro que só poderia obscurecer ou partilhar sua glória; sua coação está em sua própria excelência; ela empolga, conquista, subjuga por sua beleza; seu triunfo é aparecer; sua força, ser o que ela é". O "despotismo da intolerância", portanto, só é digno do erro. Impor a doutrina de Cristo usando os métodos de Maomé é deturpar o conteúdo pela forma. Querendo defender a verdade, os intolerantes defendem seu fantasma: "a verdade difere tanto do erro em seus meios quanto em sua essência; doçura, persuasão, liberdade, eis seus divinos caracteres".

Eis refutada a intolerância em seu próprio elemento, ao mesmo tempo que, com a confiança na razão e na ilustração, são conjurados os perigos da tolerância: o liberalismo nunca se tornará libertinagem. Sua garantia é interior: a verdade triunfa por sua "ascendência natural". "Pensam então que na tolerância universal que gostaríamos de estabelecer tenhamos mais em vista os progressos do erro que os da verdade?" Pelo contrário, ela estabeleceria um "silêncio unânime das paixões e dos preconceitos", propício ao livre exame; e o que se veria então, senão "a verdade reassumir seus direitos, estender insensivelmente seu império e as trevas do erro se esvaírem e fugirem diante dela, como essas sombras leves ao aproximar-se o archote do dia?". Efeito diretamente oposto ao da intolerância, que "armaria todos os homens uns contra os outros e faria nascer sem fim as guerras de opiniões".

A demonstração está completa. Através dela o conceito de tolerância, racionalmente justificado, adquiriu também contornos bem definidos, e não será difícil, agora, estabelecer o elenco de suas principais conseqüências, a título de "princípios gerais" para os soberanos. Em primeiro lugar, a separação entre Igreja e Estado, com a clara distinção entre as duas jurisdições do sacerdote e do magistrado: "O soberano olha a vida presente, a Igreja olha sobretudo e diretamente a vida futura". Segundo ponto: o magistrado detém, como prerrogativa inquestionável, a força e a autoridade, "mas a religião se persuade e não se ordena". Inteira liberdade religiosa, portanto, respeitada apenas a condição mínima de "uma profissão de fé puramente civil", cujo renegado então poderia ser banido "não como ímpio, mas como insociável", de acordo com "a linguagem do autor do contrato social". Dessas considerações o enciclopedista irá extrair uma *regra geral*: "Respeitar inviolavelmente os direitos da consciência em tudo aquilo que não perturba a sociedade" — e três *conseqüências legítimas*, particularmente esclarecedoras da natureza dessa tolerância tão laboriosamente construída, porque definem, justamente, o que *não* tolerar: 1) os dogmas opostos à sociedade civil, reconhecíveis, mesmo sem que se tenha inspeção sobre as consciências, por seus "discursos temerários" ("Os ateus em particular", se se mostrarem irredutíveis: é justo expulsá-los da comunidade, já que "eles próprios quebraram os laços"); 2) iniciativas que usam a religião como pretexto para encobrir sua avidez; 3) sociedades secretas, que "formam um Estado dentro do Estado".

* * *

Acabamos de assistir, examinando as páginas do autor iluminista, a uma delicada operação de ajuste conceitual, e não pudemos deixar de notar o quanto ela é decisiva em suas implicações. Agora, a tolerância universal, em vez de ser o remédio negativo para as incertezas da humanidade, em vez de ser o único recurso válido para conviver com as imperfeições do saber humano e a relatividade da verdade, traz consigo — ou é tributária de — um otimismo racionalista capaz de se julgar livre de toda coação, justamente por uma crença nos valores universais da verdade. A inovação propriamente filosófica está no aspecto da relação do universal com o particular: em vez de um particular elevar-se com seu conteúdo à universalidade (dogmatismo, despotismo), a questão do poder é resolvida por sua atribuição a um universal que engloba todas as particularidades, justamente porque se afirma pela sua forma (razão, verdade). Uma única exigência se impõe, entretanto, como condição dessa operação: o esvaziamento do universal. Mas não chegou ainda o tempo da crítica da razão, da lei moral e do imperativo categórico, e essa exigência de um universal formal vai apontar para um embaraço, uma dificuldade interna: quem é então seu portador, seu porta-voz? A força da verdade é aparecer — mas através de quem ela aparece? O sistema da tolerância universal não tem suporte físico. A menos que...

A menos que venha alguém que possa assumir essa universalidade em toda a sua extensão — a ponto de retirar-lhe a própria particularidade de ser "tolerância" — e que ao mesmo tempo, como condição para isso, detenha o poder. Assim, uma vez mais, a verdade da Ilustração irá desembocar e encontrar sua coerência teórica na figura muito concreta do déspota ilustrado, e caberá a Kant, com a penetração que lhe é habitual, traçar o seu perfil:

> Um príncipe, que não acha indigno de si dizer que toma como *dever* nada prescrever aos homens em coisas de religião, mas deixar-lhes nisso plena liberdade, que portanto afasta de si até mesmo o arrogante nome da *tolerância*, é ele mesmo ilustrado e merece ser louvado, pela gratidão do mundo e da posteridade, como aquele que foi o primeiro a livrar o gênero humano da minoridade, ao menos da parte do governo, e deixou livre a cada um, naquilo que é questão de consciência, servir sua própria razão.[16]

16) Kant, "Beantwortung der Frage: Was ist Aufklärung?", A 492-93.

17) Título do luminoso ensaio escrito por Luís Roberto Salinas Fortes para a Col. Tudo é História, Ed. Brasiliense.

Justificando assim a justeza da fórmula: "O iluminismo e os reis filósofos",[17] não estaria um tal príncipe — precursor do conceito moderno de Estado, herdeiro do conceito hegeliano de "Estado moderno" — atendendo aos votos mais caros de nosso enciclopedista? Eis como, nas linhas finais de sua eloqüente defesa da tolerância, este saberá encontrar os termos exatos para exprimi-los:

> Quanto àqueles que, sob o pretexto da religião, procuram apenas perturbar a sociedade, fomentar as sedições, sacudir o jugo das leis, reprimi-os com severidade; não somos seus apologistas; mas não confundais com esses culpados aqueles que não vos pedem nada mais que a liberdade de pensar, de professar a crença que julgam a melhor e que vivem, de resto, como fiéis súditos do Estado.

RESPONDENDO À PERGUNTA: QUEM É A ILUSTRAÇÃO?

Luzes (Século das): com essa metáfora de claridade (*Lumières, Iluminismo, Enlightenment, Ilustración, Aufklärung*), o pensamento europeu do século XVIII formou sua auto-imagem, caracterizada pela confiança no poder da luz natural, da razão, contra todas as formas de obscurantismo. Podemos ainda ouvir ressoar esse otimismo, em suas cordas mais sensíveis, no próprio prefácio da *Crítica da razão pura* (1781), mesmo ali onde se trata de marcar, para a razão, limites claros e definitivos: "Nossa época é propriamente a época da crítica, à qual tudo tem de submeter-se. A *religião*, por sua *santidade*, e a *legislação*, por sua *majestade*, querem comumente esquivar-se a ela. Mas desse modo suscitam justa suspeita contra si e não podem ter pretensões àquele respeito sem disfarce que a razão somente outorga àquilo que foi capaz de sustentar seu exame livre e público".[18] Pois furtar-se à claridade, querer permanecer nas trevas, é o mesmo que ter algo a *esconder*. A questão — já não apenas de teoria, mas de ética — é que tudo possa ser esclarecido, trazido a público, ao aberto (*Öeffentlichkeit!*), e ali, às claras, possa fazer valer o seu valor. Tudo? Kant acaba de mencionar os dois assuntos em que rege renitente o princípio da autoridade e que acabarão pondo em questão o próprio conceito da Ilustração: a religião e a política.

18) *Kritik der reinen Vernunft*, A XI, nota.

19) As referências na Alemanha vão de Christian Thomasius, *De Prejudiciis oder von den Vorurteilen* (1689); *Einleitung in der Vernunft-Lehre* (1691), até Gotthold Ephraim Lessing, com *Nathan der Weise* e *Die Erziehung des Menschengeschlechts* (1777). Para uma visão de conjunto sobre o papel da Ilustração na cultura alemã, consultar: Peter Pütz, *Die Deutsche Aufklärung*, Darmstadt, 1979.

20) Kant, "Beantwortung der Frage: Was ist Aufklärung?", A 494, nota.

É simplesmente histórico constatar que desde o início o lema "ousar saber" (*Sapere aude*), formulado mais tarde por Kant em nome de uma valorização do uso não tutelado do intelecto, já era praticado pelos primeiros "ilustradores"; e que foi justamente por oposição a toda *auctoritas* (e, em particular, a da Revelação cristã), que se definiu, desde o início, o movimento da Ilustração. Seu gesto inaugural é, por definição, o desmascaramento da autoridade como preconceito, inibidor do livre exercício da luz natural, que cabe, por direito, a todos os homens.[19] Mas que essa Ilustração viesse a buscar, deliberada e metodicamente, uma definição de si mesma e, num movimento reflexivo, desviar-se de seus objetos para ilustrar-se sobre sua própria natureza — o que só irá acontecer bem mais tarde, na formulação da pergunta: "O que é Ilustração?" e em sua "Resposta" por parte de Kant (1784) — é, sintomaticamente, conseqüência dessa sua mesma colocação perante um oponente que, afinal, não pode sair perdendo: o poder constituído.

Um primeiro indício daquilo que efetivamente suscita essa "pausa para a reflexão" é já a própria ocasião do escrito de Kant "Em Resposta à Pergunta: O Que é Ilustração?", que, como se sabe, é rigorosamente contemporâneo — simultâneo mesmo — ao artigo de Moses Mendelssohn sobre o mesmo tema: "Sobre a Pergunta: 'O Que é Ilustrar?'". Coincidência de preocupações, que marca um momento decisivo na trajetória do pensamento ilustrado; ao receber o anúncio da publicação do texto de Mendelssohn, Kant, que acaba de terminar o seu, acrescenta-lhe uma nota final para dizer: a resposta de Mendelssohn a esta mesma pergunta "ainda não me chegou às mãos; do contrário, teria impedido esta, que agora só pode permanecer como ensaio para experimentar em que medida o acaso pode promover concordância de pensamentos".[20] A concordância, que de fato se verifica no essencial (sobretudo na ênfase dada ao caráter ético, não simplesmente teórico, do esforço de ilustrar, na sua vinculação com a destinação da totalidade da humanidade e na distinção crucial entre o homem como ser humano e como cidadão), não é entretanto ditada pelo acaso. Está inscrita, de antemão, no próprio sentido da pergunta. O que se quer saber, de fato, é *quem* é a Ilustração: em que nome ela fala. Questiona-se sua idoneidade moral, seu grau de respeitabilidade ou, ao contrário, de periculosidade. Em que medida ela põe em risco as instituições?

Antes de iniciar um exame do texto de Kant, para comprovar que é esse o sentido que o autor tem constantemente em mente, desenvolvendo toda sua argúcia para desarmar suspeitas, vale a pena lembrar essa ocasião, isto é: como, no debate intelectual alemão, emergiu a própria pergunta.

O ponto de partida — surpreendentemente inócuo, sobretudo quando encarado a partir destes últimos decênios do século XX — foi a questão do casamento civil. Johann Erich Biester, um dos fundadores do *Mensário Berlinense* (*Berlinischer Monatschrift*), publicação do círculo de intelectuais que se autodenominava "Sociedade dos Amigos da Ilustração" ou "Sociedade das Quartas-Feiras", por causa das reuniões semanais que mantinham visando desenvolver e propagar a liberdade de crítica e de pensamento, publicava em 1783, nesse periódico, sob o pseudônimo de E.v.K., seu artigo: "Proposta de não mais se dar trabalho aos eclesiásticos na consumação do matrimônio". Argumentando que outras relações jurídicas entre seres humanos, de igual dignidade e importância, dispensavam qualquer sanção religiosa, defendia o mesmo tratamento para o contrato que liga homem e mulher, rematando com a frase: "Afinal, para ilustrados são desnecessárias todas essas cerimônias!".

A resposta não demora. Outro daqueles mesmos "amigos da Ilustração", Johann Friedrich Zöllner, é de opinião contrária. Nada mais natural. Estamos na época das luzes e do debate livre, e o *Mensário Berlinense* irá publicar no número seguinte sua resposta, sob o título: "Será aconselhável não mais sancionar o vínculo matrimonial pela religião?". Seu argumento, quanto ao assunto mesmo da discussão, também não tem nada de extraordinário: o casamento é um ato que decide, em grande medida, sobre a felicidade do ser humano, e não se deve tratar todas as obrigações jurídicas como se fossem do mesmo grau. O importante, porém, quanto à mudança de atitude, já está inscrito no tom do título: *Ist es ratsam...* (Será recomendável...). Não é prudente, diz o texto, desvalorizar a religião em todos os assuntos profanos e desse modo, "sob o nome de *Ilustração*, confundir as cabeças e os corações dos homens". Ilustrar, sim: o espírito dos tempos e o bem da humanidade o exigem. Mas fazer·da Ilustração, tomada sem crítica e sem a consciência de seus limites, um pretexto para a subversão e para a anarquia — ilustrar *às cegas* — seria pôr a perder até mesmo aquilo que as Luzes conseguiram, até agora, laboriosamente, conquistar. E será nesse ponto, com esse contexto preciso, que Zöllner se tornará o formulador da pergunta clássica, que atinge em seu nervo mais profundo a consciência do ilustrador: "O que é Ilustração?". E o autor comenta: "Essa pergunta, que é quase tão importante quanto: o que é a verdade, deveria certamente ser respondida antes que se comece a ilustrar! E eu ainda não a encontrei respondida em parte nenhuma!".

Essa questão preliminar (ou "prejudicial", como diria um jurista), formulada, paradoxalmente, nos anos finais do século das Luzes, solicitando a todos os ilustradores que suspendam suas atividades enquanto não tiverem investigado o conceito que as sustenta, não deixa de evocar o apelo lançado por Kant aos metafísicos no prefácio de seus *Prolegômenos a toda metafísica futura*: "é incontornavelmente necessário pôr de lado provisoriamente seu trabalho, considerar tudo o que aconteceu até agora como não acontecido e antes de todas as coisas formular primeiramente a pergunta: se algo como a metafísica é simplesmente possível".[21] Sabendo da profundidade com que esta "questão prejudicial" de Kant atingiu a metafísica, não é difícil compreender a gravidade com que o mesmo Kant vai retomar por sua conta a pergunta de Zöllner, no artigo que escreverá para o mesmo *Mensário Berlinense*, tendo em vista, diretamente, o contexto em que ela emergiu: o trecho de Zöllner vem reproduzido em nota de rodapé e, no cabeçalho do artigo, vêm indicadas a data e a página (5.12.1783, p. 516) em que ela foi formulada.

Eis, pois, o ponto de partida das reflexões que Kant, o filósofo que consagrou a parte decisiva de sua vida a investigar o poder da razão e seus limites, irá dedicar à Ilustração: a Ilustração tornou-se problema. Por isso, embora o artigo comece, sem vacilações, por uma definição formal do conceito em questão, em correspondência gramatical direta

21) Kant, *Prolegomena zu einer jeden künftigen Metaphysik...* A 4, 1783.

com a pergunta ("Ilustração é..."), ele não termina aí. A aquisição dessa definição não é seu ponto de chegada e está longe de esgotar, aos olhos do próprio Kant, o que está propriamente em questão. A "Resposta à Pergunta" irá estender-se ainda, para além dessa definição, por uma dezena de páginas, nas quais será possível assinalar uma série de expressões que deixam transparecer claramente o interesse apologético que move a discussão.

Não estivesse a Ilustração sob suspeita, qual a necessidade de reafirmar sua inocência, de garantir que a liberdade que é seu único requisito é "a mais inofensiva de tudo o que se pode chamar liberdade",[22] de demonstrar pelo exemplo que, existindo essa liberdade num determinado país, sob determinado governo, "não há o mínimo que se preocupar pela tranqüilidade pública e pela concórdia da comunidade" ou que, mesmo em relação à legislação, o exame livre e público é "sem perigo"?[23] Trata-se de afastar a possibilidade de que se pense o contrário; admite-se, pois, que pensar o contrário *faz sentido*. "Nossa época é a época da crítica, à qual tudo deve submeter-se", já dizia a *Crítica da razão pura*. Mas deve haver um modo correto de se entender essa crítica, regras claras norteando seu exercício, para que ela não se confunda com alguma atividade ofensiva, ameaçadora da tranqüilidade pública e perigosa. Kant compreendeu perfeitamente a pergunta de Zöllner: afinal, até onde vai chegar a Ilustração? Quais são seus limites? Tanto que seu empenho será em apontar, com clareza e segurança, esses limites.

Dois poderes, segundo o prefácio da *Crítica da razão pura*, desafiam o avanço das Luzes: a santidade da religião e a majestade da legislação. Este artigo dirige seu foco, expressamente, ao primeiro deles, e justifica, no final, essa escolha. Não, porém, por oposição à legislação, à qual suas conclusões poderão tranqüilamente estender-se, mas em relação às ciências e às artes, já que, a respeito dessas, "nossos governantes não têm nenhum interesse em desempenhar a tutela sobre seus súditos".[24] Defende, pois, o pensamento não tutelado, o uso livre da razão, especificamente nos "assuntos de religião". E é precisamente esse o tema do debate que se trava nas páginas do *Mensário Berlinense*: será

22) Kant, "Beantwortung der Frage: Was ist Aufklärung?", A 484.

23) Idem, A 493.

24) Idem, A 493.

permitido, em nome da razão ilustrada, questionar a sanção religiosa a um ato civil? Kant procurará mostrar sob que condições e dentro de que limites a resposta tem o direito de ser afirmativa.

Se for válida essa hipótese, de que o texto de Kant se torna mais inteligível quando restituído a seu contexto imediato, será possível reconstituir agora, à luz dessas indicações, a construção de sua argumentação.

* * *

O texto desenvolve-se numa seqüência de três perguntas. A primeira parte, claramente introdutória e conceitualmente analítica, conduzindo da definição da Ilustração à afirmação de que seu único requisito é a liberdade, move-se no interior da pergunta, tal como foi formulada por Zöllner: "O que é Ilustração?". Já a segunda parte, contendo o mais substancial da argumentação e servindo-lhe de eixo, será dirigida ao sentido mesmo, tal como está implícito na pergunta. A formulação verbal desse sentido, em termos explícitos, é o que irá constituir a segunda pergunta do texto kantiano: "Qual restrição (da liberdade) é obstáculo para a Ilustração? Qual não é, mas, pelo contrário, lhe é até mesmo propícia?"[25] E a palavra usada aqui, por oposição a *hinderlich* (impeditiva, que faz recuar), será *beförderlich*; isto é: qual restrição da liberdade *promove o avanço* das Luzes? Finalmente, uma terceira pergunta, que se refere à aplicação histórica daquele conceito de Ilustração internamente esclarecido, conduzirá ao fecho da discussão: "Vivemos agora numa época *ilustrada*?".

Nesta última pergunta, é fácil reconhecer o eco daquela exclamação de Johann Erich Biester, no artigo que propunha a supressão do casamento civil e que desencadeou toda a discussão: "Afinal, para ilustrados são desnecessárias todas essas cerimônias!". Mas, dirá Kant, será que podemos considerar-nos "ilustrados"? E a resposta virá: "Não, mas vivemos em uma época de *Ilustração*. Para que os homens, no estado em que estão as coisas, tomados em seu todo, estivessem em condições, ou simplesmente pudessem vir a ser postos em condições de, nas coisas da religião, poderem

25) Kant, "Beantwortung der Frage: Was ist Aufklärung?", A 484.

servir-se de seu próprio entendimento sem a direção de outrem com segurança e bem, ainda falta muito".[26] Mas vivemos na época da Ilustração, isto é, há um campo aberto para que eles trabalhem nesse sentido: os obstáculos para isso se tornam menos numerosos. Entenda-se: diminuem as restrições da liberdade *impeditivas* do progresso das Luzes. Mas isso ocorre talvez, por uma questão de equilíbrio, graças ao aumento das restrições que lhe são *propícias*. Esse jogo entre as duas qualidades de restrições, que opera diretamente sobre a conclusão kantiana, é justamente o que falta compreender, para avaliar em seu pleno sentido aquilo que o autor, no final do artigo, chamará de "inesperado paradoxo", no qual se revela o caráter próprio de seu inabalável otimismo quanto à Ilustração: "Um grau maior de liberdade civil parece vantajoso para a liberdade *de espírito* do povo e no entanto lhe põe barreiras intransponíveis; um grau menor daquela primeira, em contrapartida, proporciona a esta última espaço para estender-se em todo seu poder."[27]

26) Kant, "Beantwortung der Frage: Was ist Aufklärung?", A 491.

27) Idem, A 493.

* * *

Retomemos, então, o primeiro parágrafo do texto: "*Ilustração é a saída do homem de sua minoridade, pela qual ele mesmo é culpado. Minoridade é a incapacidade de servir-se de seu entendimento sem a condução de outrem. Auto-inculpável é essa minoridade quando a causa dela não está na falta de entendimento, mas na falta de decisão e de coragem para servir-se do seu sem a condução de outrem. Sapere aude! Tenha coragem de servir-se de seu próprio entendimento! — é, portanto, o lema da* Ilustração".[28]

"Ilustração é a saída do homem de sua minoridade, pela qual ele próprio é culpado." Essa tão citada definição, pela qual Kant começa diretamente seu artigo, que será reiterada duas vezes em momentos decisivos da parte final, modificada apenas pela interessante introdução de um plural ("os homens" em lugar de "o homem") e que aqui vem imediatamente acompanhada pela definição de seus termos ("minoridade" e "auto-inculpável"), não deve, já se viu, ser

28) Idem, A 481.

confundida com a "Resposta à Pergunta", que irá alongar-se muito mais.

Para compreender seu sentido e a função que ela está desempenhando no interior da argumentação, talvez não fique fora de propósito consultar aquilo que Kant diz a respeito de duas outras definições, de importância central para a sua obra: a do "sentimento de prazer", referente à *Crítica do juízo*, e a da "faculdade de desejar", referente à *Crítica da razão prática*. Para trabalhar com esses conceitos tomados em sua devida universalidade, diz Kant, é preciso que sua definição seja *transcendental*.[29] Assim, a do sentimento de prazer será: "é um *estado* da mente no qual uma representação concorda consigo mesma, como fundamento, seja meramente para conservar esse próprio estado, seja para produzir seu objeto"; a da faculdade de desejar: "é a faculdade de, por suas representações, ser causa da realidade efetiva dos objetos dessas representações".[30] Tais definições, "compostas unicamente de notas do entendimento puro, isto é, categorias que nada contêm de empírico", têm a vantagem de não antecipar o resultado da investigação e, justamente por sua formulação "cautelosa", são preferíveis às costumeiras definições "ousadas" pelas quais se prejulga do objeto "antes do completo desmembramento analítico do conceito, que só é alcançado muito mais tarde".[31] Seu lugar é, pois, no início da investigação, e a estranheza que despertam à primeira vista, por sua generalidade descarnada, é simplesmente o efeito da elementar cautela de nada imiscuir nelas de empírico, que possa ser desmentido pela investigação.

Mas é a propósito da segunda dessas definições, a da faculdade de desejar, acusada, não de generalidade excessiva, mas de conter um evidente absurdo (a representação — o mero desejo — ser causa de seu objeto), que Kant irá explicar-se melhor, nas duas versões de uma mesma nota, contida no manuscrito conhecido como "Primeira Introdução à Crítica do Juízo" e na Introdução do próprio livro.[32] Que uma definição deixe "indecidido" o resultado da investigação completa sobre determinado conceito é perfeitamente aceitável; mas não que o contradiga, como parece acontecer nesse caso. Uma objeção dessa natureza,

29) Kant, "Primeira introdução à *Crítica do juízo*", in *Duas introduções à* Crítica do juízo, Ricardo R. Terra (org.). São Paulo, Iluminuras, 1995, p. 97.

30) A primeira definição pode ser lida na página recém-citada. A outra encontra-se mencionada na nota correspondente e também em: *Kritik der praktischen Vernunft*, A 16, nota.

31) *Kritik der praktischen Vernunft*, A 16-17, nota.

32) *Kritik der Urteilsknft*, B XXII-XXIV.

entretanto — e é isto que Kant julga imperioso acentuar —, decorre apenas da incompreensão do verdadeiro caráter de uma "definição transcendental": o fato de haver desejos vazios, não realizados ou irrealizáveis, "prova apenas" — diz a nota da "Primeira Introdução" — "que há também determinações da faculdade de desejar em que esta está em contradição consigo mesma: decerto, para a psicologia empírica, um fenômeno digno de nota (como, por exemplo, para a lógica a observação da influência que têm sobre o entendimento os preconceitos), mas que não deve influir sobre a definição da faculdade de desejar considerada objetivamente, ou seja, o que ela é em si, antes de, seja pelo que for, ser desviada de sua determinação/destinação (*Bestimmung*)". Assim, independentemente desse importante fenômeno psicológico, ou mesmo do dado antropológico mencionado logo a seguir (o fato de que "a natureza tenha colocado em nós a disposição para tal infrutífera despesa de forças"), continua a ser "útil" tentar uma definição transcendental, pelas categorias do entendimento puro, na medida em que estas já forem suficientemente distintivas do conceito em questão. Isso consiste apenas em seguir o exemplo do matemático, "que facilita muito a solução de seu problema deixando indeterminados os dados empíricos do mesmo e trazendo a mera síntese deles sob as expressões da aritmética pura". Ou, na outra versão: "que com isso universaliza a solução dele". Dessa maneira, tem-se o conceito, não em sua generalidade abstrata, mas em sua exemplaridade transcendental.

Se a definição inicial do conceito de Ilustração, no nosso caso, puder ser interpretada da mesma maneira, conterá também esse conceito "considerado objetivamente", isto é: o que a Ilustração "é em si, antes de, seja pelo que for, ser desviada de sua destinação". E não é difícil, a partir dos conceitos da razão prática estabelecidos pela *Crítica*, traduzi-la nos termos de seu núcleo puramente racional: a Ilustração é a passagem da heteronomia à autonomia, obtida através da própria autonomia. É o ato de "servir-se de seu *próprio* entendimento", o único capaz de fazer com que o ser humano saia daquele estado de minoridade no qual se

33) Kant, "Beantwortung der Frage: Was ist Aufklärung?", A 481.

34) Idem, A 483-484.

35) Idem, A 487.

encontra por sua *própria* culpa.[33] Teríamos assim, em lugar de uma definição excessivamente ampla, guarnecida logo a seguir de toda sorte de restrições, uma definição-guia, pela qual o autor, como os matemáticos, "facilita muito a solução de seu problema" pondo de lado as determinações empíricas de seu conceito. O fato de ser mais cômodo permanecer na minoridade, o fato de haver tutores que trabalham no sentido de perpetuar essa minoridade, enfatizando os imaginários perigos do pensamento livre, o fato de que a Ilustração, assim definida, se torna difícil para o indivíduo isolado, que se afeiçoou a sua minoridade como a uma segunda natureza, embora seja "quase inevitável" para um público, através dos exemplos de alguns de seus tutores que a tenham conquistado para si mesmos,[34] já que a suposição de tutores que sejam por sua vez menores seria "um disparate, que concorre para a eternização dos disparates"[35] — são notas pertinentes para a discussão da questão, mas, em relação à definição, caracterizam apenas dados psicológicos ou antropológicos. Não há nada, no exame dessas determinações empíricas, que possa influir sobre a definição e levar a modificá-la.

Compreende-se, então, que mesmo dentro dessas determinações capazes de restringi-la *de fato*, a Ilustração se afirme plenamente *de direito*. Compreende-se que, independentemente dessas determinações, aquela conquista da autonomia pela própria autonomia não irá requerer, para realizar-se, nenhuma condição exterior, a não ser meramente negativa: a liberdade de fazer uso público da razão. Se o dispositivo anti-Ilustrador, a palavra de ordem pela qual os tutores mantinham e procuram continuar mantendo seus tutelados na minoridade era: "Não raciocineis, mas obedecei!", é apenas a primeira parte dessa voz de comando que precisará ser revogada agora, para que possa ser ouvida a voz do: "Ousai saber!". Uma distinção precisa entre o conceito transcendental da Ilustração, de um lado, e suas determinações empíricas, de outro, irá permitir a Kant romper com o pressuposto: "Quem raciocina por si mesmo não obedecerá", que estava implícito na indagação de Zöllner e dava sentido a sua carga de inquietação. Zöllner indagava: *Até que ponto* é permitido ilustrar, sem perigo para a ordem instituída? Kant responderá: É lícito — e é dever! — ilustrar irrestritamente, porém a Ilustração se decide em outro território, onde não se põe a questão da obediência civil.

É neste ponto que se insere a tão conhecida distinção estabelecida por Kant entre o uso público e o uso privado do entendimento — que irá servir de eixo para toda a sua argumentação. O mesmo indivíduo que, no exercício de uma função privada (como sacerdote ou educador, por exemplo), tem o dever de funcionar como parte da engrenagem e desempenhar o papel de tutor, terá também o direito imprescritível, quando fora de serviço, de usar sua própria razão em seu próprio nome. Este uso público que fará de sua liberdade de pensamento, não mais como funcionário, mas como cientista (*Gelehrte*), não mais perante uma comunidade que lhe foi confiada, mas perante "a totalidade do público do *mundo leitor*"[36] ou, como está dito mais adiante, "perante o público propriamente dito, isto é, o mundo",[37] não deverá sofrer restrição alguma. Nesse momento, ele deixa de ser cidadão privado, que fala em nome alheio no desempenho de um ofício, para falar *em sua própria pessoa*, como membro da sociedade cosmopolítica, a um público *de direito* — diríamos, a um público transcendental. Nesse momento, vale então o "raciocinar quanto quiserdes e sobre o que quiserdes", sem prejuízo para a plena vigência do "obedecei", que se mantém, na ordem privada, fora de questão.

De fato, tomada a Ilustração no rigor de sua definição transcendental — ter a decisão e a coragem de servir-se de seu próprio entendimento sem a condução de outrem —, não cabe impor-lhe restrição alguma. Ela é um fim em si mesma. Não está a serviço de nenhum outro interesse em nome do qual pudesse ser desviada de sua destinação própria. É a causa comum da humanidade no seu todo. Se Zöllner e outros amigos da Ilustração, temendo seu desvirtuamento, colocam a questão de restringi-la, é por não terem consciência do rigoroso limite entre ela, assim entendida, e o uso privado da razão, sujeito a todas as injunções do imperativo hipotético. Mais uma vez, Kant irá resolver um problema corrigindo os termos em que foi proposto: substitui a noção empírica de restrição, sempre

36) Kant, "Beantwortung der Frage: Was ist Aufklärung?", A 485.

37) Idem, A 487.

discutível e incerta, pela noção transcendental de limite. O que parecia inicialmente ser uma questão de diferença de grau — até onde pode avançar o livre exame — encontra sua verdade na diferença de natureza entre dois usos da razão que são, de direito, incomparáveis. Limite, circunscrição de território. Resultado: duas jurisdições que — como entre o sensível e o supra-sensível — poderão incidir sobre o mesmo sujeito, sem entrar em conflito entre si. Limite que permite pronunciar, sem paradoxo ou cinismo, a voz de comando: "Raciocinai livremente, *mas obedecei*!".

É certo que, para garantir esse limite, para fazer respeitar de fato essa distinção puramente racional entre a liberdade de espírito e a liberdade civil, falta ainda uma mediação: o "único senhor" capaz de pronunciar aquela voz de comando[38] teria de ser um príncipe que, "ele próprio ilustrado, não tenha medo de sombras, mas ao mesmo tempo tenha à mão um exército numeroso e bem disciplinado para garantir a tranqüilidade pública".[39] Sua existência histórica, no momento em que o artigo de Kant está sendo escrito, é o que permite dar resposta à terceira pergunta que aparece no texto: Sim, o campo está aberto para a saída dos homens de sua minoridade auto-inculpável, os obstáculos para conquista da autonomia de pensamento diminuem. "Sob esse aspecto podemos dizer que esta época é a época da Ilustração ou o Século de Frederico".[40] Eis, pois, o nome que se pronuncia, se se trata de saber, a respeito da Ilustração, quem ela é.

* * *

Cinismo kantiano? "Estranha", "inesperada" e "paradoxal" marcha das coisas humanas, que acabará fazendo do despotismo ilustrado a condição da Ilustração?

Talvez, antes de responder, valha a pena voltar a examinar a relação que se estabelece, segundo Kant, entre a definição transcendental de um conceito e suas determinações psicológicas ou antropológicas. Voltemos àquela nota, em que Kant defende a definição da faculdade de desejar como "faculdade de, por suas representações, ser causa da realidade efetiva dos objetos dessas representações". Ali, na parte final,

---

38) Kant, "Beantwortung der Frage: Was ist Aufklärung?", A 484.

39) Idem, A 493.

40) Idem, A 491.

depois de assegurada a validade de se tomar a definição em sua pureza transcendental, a atenção de Kant vai voltar-se para o que há de problemático nessa relação. E ali se pode ler: "Para a antropologia é também uma tarefa não desprovida de importância a investigação: por que a natureza colocou em nós a disposição para tal infrutífero dispêndio de forças, como são os desejos e aspirações vazios. (...) Parece-me aqui, como em todas as outras partes, ter achado sábia sua providência. Pois se, enquanto não estivéssemos seguros da suficiência de nosso poder para a produção do objeto, não fôssemos determinados pela representação dele à aplicação da força, esta permaneceria em grande parte sem uso. Pois comumente só aprendemos a conhecer nossas forças experimentando-as. A natureza, pois, vinculou a determinação da força com a representação do objeto ainda antes do conhecimento de nosso poder, que muitas vezes só é produzido por esse esforço que, à própria mente, parecia inicialmente um desejo vazio".

Uma sábia disposição da natureza, portanto, está operando surdamente para favorecer a passagem entre o conceito transcendentalmente definido e sua tortuosa realização; por uma espécie de benevolência natural — atuando pelo avesso — determinações empíricas que à primeira vista o contradizem estão ardilosamente trabalhando para a marcha em direção a ele — e isso só se torna claro para quem toma sua definição, não como descrição de um fato, mas como formulação — normativa — de uma tendência racional.

Mas seria o mesmo caso fazer do despotismo a condição da Ilustração, de uma severa restrição da liberdade civil a condição para a liberdade de espírito de um povo e, finalmente, para sua emancipação? Leiamos o último parágrafo do artigo de Kant sobre a Ilustração: "Quando então a natureza, sob esse duro invólucro, tiver desenvolvido o germe pelo qual ela cuida com a maior das ternuras, ou seja, o pendor e a vocação para o pensamento livre, então este pendor retroagirá gradativamente sobre a maneira de sentir do povo (que desse modo se tornará pouco a pouco apto *à liberdade de agir*), e acabará retroagindo até mesmo sobre os princípios do *governo*, que acha proveitoso para si

41) Kant, "Beantwortung der Frage: Was ist Aufklärung?", A 493-494.

42) Idem, A 484.

mesmo tratar o homem, que então é mais que máquina, em conformidade com sua dignidade".[41]

Um dia, portanto, liberdade civil e liberdade de pensar chegarão a coincidir, um público real poderá chegar à perfeita autonomia que se exprime no conceito de Ilustração. Mas compreende-se também porque é desejável — e não apenas inevitável, como parecia no início — que isso ocorra "apenas lentamente" e através de uma "verdadeira reforma da maneira de pensar", nunca através de uma revolução, que se limitaria a substituir preconceitos antigos por novos preconceitos, reimplantando, sob feições novas, a velha heteronomia.[42] Portanto, prezado sr. Zöllner, não há mesmo nada a temer.

A Filha Natural em Berlim

Na virada do século XVIII para o XIX, refazendo-se ainda do abalo causado na consciência européia pela Revolução Francesa, Goethe escreve a tragédia (*Trauerspiel*) *A Filha Natural*, com um assunto que lhe foi sugerido por Schiller e inspirado pela leitura das *Mémoires Historiques de Stephanie-Louise de Bourbon-Conti* (Paris, 1798), onde são narradas as desventuras de uma bastarda, da nobreza francesa, no período de insegurança que se seguiu à Revolução. Em 1803 a peça teve duas récitas em Berlim, com estrondoso fracasso de público e de crítica, chegando a ser vaiada no primeiro dia, e teve na platéia, nas duas apresentações, um espectador — talvez o único — entusiasmado: o filósofo Johann Gottlieb Fichte.

A peça põe em cena o destino de Eugenie, única personagem dotada de nome próprio, mesmo assim alegórico, alusão a sua eminente origem: é filha bastarda do Duque, tio do Rei, e da Princesa — cuja recente morte vai permitir que de sua existência oculta ela passe agora ao brilho de seu verdadeiro lugar no mundo. *Reconhecida* pelo pai e pelo soberano, ela poderá enfim *aparecer* ou, na linguagem da morfologia de Goethe, *desabrochar* (*Erscheinen*). Mas as sombrias perspectivas que se opõem a esse desejo já estão simbolizadas no primeiro ato. Logo após ter o Duque confiado ao Rei, numa pausa da caçada, sua paternidade secreta, chega até eles o alarido e a notícia de que a audaciosa amazona desconhecida, que faz parte da comitiva e é (segredo público, que todos fingem ignorar) a filha do Duque, acaba de sofrer uma queda fatal — e entra em cena carregada como morta, para desespero do pai.

Ao recobrar os sentidos, Eugenie pensa estar sonhando: seu pai a reconheceu perante o Rei, e este, encantado, promete apresentá-la à corte em sua festa de aniversário que se aproxima. Mas, cautela. É preciso que o segredo seja guardado até lá, pois o soberano está cercado de intrigantes e a situação política é inquietadora. Pressente-se, enigmaticamente, que mesmo entre o Rei e o Duque há desconfiança e perigo. Nem mesmo é permitido a Eugenie dar expansão a sua alegria ou usar a chave, que o Duque lhe confia, do cofre-armário contendo as vestimentas e adereços que convêm à sua nobre condição: ela tem um irmão, que certamente não verá com bons olhos sua ascensão. A filha natural consola-se, pensando que suas qualidades de brandura e de espírito o conquistarão, e de qualquer modo seu entusiasmo supera qualquer inquietação.

Mas já nesse momento, em casa, o Secretário conspira com sua noiva, a Preceptora, procurando obter sua colaboração no plano — que interessa ao irmão — para afastar Eugenie de seus direitos. A Preceptora, muito afeiçoada a Eugenie, não tem saída: aceitará conduzir a pupila ao exílio, enquanto os cúmplices espalham a notícia de sua morte, pois o Secretário não esconde que afastá-la é a solução mais branda. "Eugenie! se tu pudesses renunciar..." Mas Eugenie, que chega à casa atônita de felicidade e corre a seu quarto para escrever um soneto exprimindo seu deslumbramento, só tem olhos para a esperança e não pode pressentir o perigo. Quando recebe o cofre-armário, da parte do pai, sua sofreguidão é mais forte que a palavra dada: ela vai experimentar aqueles ornatos, presentear a Preceptora, compartilhar com ela sua alegria, sem dar ouvidos às suas sombrias advertências. "— Irreversível, cara amiga, é minha felicidade. — O destino, que te atinge, é irreversível."

O terceiro ato mostra a trama consumada: o Secretário e o Clérigo, seu cúmplice, convencem o Duque da morte de Eugenie, lembrando a ele, que quer morrer, seus deveres de estadista naquele momento de crise política. Eugenie, que o pai acredita morta em um acidente de equitação, encontra-se no porto mais afastado do reino, conduzida pela Preceptora, que tem ordens de embarcá-la para as Ilhas. Ao generoso e íntegro Conselheiro Judicial, que ali encontram, enquanto esperam o momento do embarque, a Preceptora exibe o salvo-conduto de que é portadora, conferindo a ela plenos poderes sobre a pupila. O jurista se estarrece com aquele ato de força, mas tem de acatar as explicações que lhe são dadas: a existência de Eugenie se tornou o pomo da discórdia entre dois poderosos partidos, cujo choque ameaça a estabilidade do reino. Há para ela, entretanto, uma chance de perdão: basta que aceite renunciar a sua condição nobre, casando-se com um burguês.

Àquele homem de aspecto digno, que se mostra tão perturbado com sua sorte, Eugenie se confia inteiramente, revelando sua perplexidade diante do monstruoso ato de que é vítima, diante dessa sua segunda queda — castigo por sua inocente indiscrição? inveja do irmão? conspiração que envolve o pai e o Rei e ameaça destruir o mundo? Ele não pode dar-lhe explicações, poderes mais altos se opõem a que ela readquira sua condição. Mas, seduzido pela excelência de Eugenie, oferece-lhe o único meio de salvação que resta, propondo-lhe casamento. Em vão: os sonhos de glória de Eugenie ainda estão próximos demais, ela sabe que isso representaria uma renúncia definitiva — e só pode exprimir sua gratidão pela nobre proposta. Nem mesmo os apelos da Preceptora a persuadem a lançar mão desse derradeiro recurso. Convencida de que a acompanhante faz parte da conspiração, Eugenie decide apelar para a população do porto, que entretanto passa indiferente e a toma por louca.

Seus pedidos de socorro, que a Preceptora não tenta impedir, são uma sucessão de decepções. O jovem Governador, que se aproxima com seu séquito para ver a partida do navio, simpatiza com a desconhecida e se dispõe a ajudá-la, mas afasta-se imediatamente após lançar os olhos ao salvo-conduto. Eugenie quer ver esse papel tão poderoso. A Preceptora não o recusa, mas falta coragem à moça: ao risco de aumentar seu desespero vendo a assinatura do Duque ou do Rei, Eugenie prefere resignar-se e buscar refúgio na religião. Corre para o grupo de freiras que se aproxima e suplica à Abadessa que a acolha junto a si. Mais uma vez, quando a Abadessa vai tomá-la nos braços, a Preceptora intervém e exibe a carta, que decide tudo. Mesmo a Igreja se curva diante de poder tão alto. Seria Deus? Eugenie se enche de bravura e desdobra o papel: "A mão e o selo do Rei!".

Aproxima-se o momento de embarcar para o exílio. A infeliz quer atirar-se ao mar, mas hesita. Entre a morte, o exílio e o aviltamento, seu espírito não descansa. O medo de um a precipita para o outro. Um monge se aproxima. Eugenie quer consultá-lo como a um oráculo. O velho sábio só pode aconselhá-la em termos gerais: — Entre dois males detestados, escolhe o que te deixa mais espaço para atos devotos. Em vez do casamento sem amor que a ameaça, praticar boas obras e levar consolo aos selvagens das Ilhas? Mas no fundo de suas palavras Eugenie adivinha um conselho mais urgente, uma realidade mais terrível: salvar-se, abandonar aquele reino ameaçado pela ruína.

E Eugenie compreende. O imenso poder do Rei, expresso naquele salvo-conduto, é na verdade uma confissão de impotência: o ato de um "fantasma que se afaina inutilmente na ilusão de capturar a posse perdida". E abandonar a pátria, nessa hora de perigo? Ficando, mesmo desconhecida, mesmo rebaixada a uma condição obscura, ela não poderá um dia, talvez, ser valiosa?

Quando o Conselheiro Judicial vem trazer-lhe seu presente de despedida, lamentando perder tão cedo a felicidade que por um instante lhe acenara, Eugenie lhe comunica sua mudança de decisão, assumida não por covardia, mas por bravura. Aceita pertencer-lhe como esposa, desde que ele queira recebê-la como um irmão e lhe permita viver retirada, desconhecida de todos, em sua propriedade no campo, até chegar o dia em que, talvez, laços mais estreitos os unirão. Confiante na palavra daquele homem sério e honesto, Eugenie não hesita mais em consumar sua renúncia. "Recebe disso a prova, a mais alta, que uma mulher lucidamente pode dar! Não vacilo, apresso-me em seguir-te! Eis minha mão: sigamos para o altar!"

No dia 18 de agosto de 1803, Fichte, de Berlim, escreve a Schiller:

> Vi com toda atenção *A Filha Natural*, de Goethe, as duas vezes que foi levada aqui, e acredito ter-me elevado, por esse meio, a todos os aspectos possíveis da obra. Por mais que eu tenha reverenciado e amado *Ifigênia*, *Tasso* e, em outro campo, *Hermann e Dorotéia*, de Goethe, e tenha considerado

dificilmente possível algo superior, prefiro no entanto essa obra a todas as suas outras e a considero como, até agora, a mais alta obra-mestra do mestre. Clara como a luz e, como ela, insondável, em cada uma de suas partes contraindo-se vivamente em absoluta unidade e ao mesmo tempo espraiando-se pela infinidade, como ela. Essa rigorosa coerência orgânica torna totalmente impossível, para mim, querer abstrair ou omitir qualquer de suas partes. O que na primeira parte ainda não se esclarece totalmente, como as misteriosas alusões a uma relação secreta entre o Duque e seu filho, a secretas maquinações de ambos e de outros ainda, preparam sem dúvida o que está por vir e desde já enchem a alma de um maravilhoso calafrio.

Que uma obra dessa profundeza e simplicidade, ao mesmo tempo, seja captada e apresentada (*dargestellt*) em seu espírito interior por qualquer companhia teatral existente, é algo a que, sem dúvida, é preciso renunciar. O bom espectador, porém, deve enxergar, através do limitado da encenação (*Darstellung*), o ideal dela, e através deste a obra. Esse é o caminho que tive de percorrer e que, em se tratando de obras dramáticas, me parece o certo. Pode ser por isso que Zeltner, que começou pela leitura, e a partir dela formou para si mesmo a representação (*Darstellung*) ideal, ao contemplar a efetiva foi mais difícil de contentar que eu, que de resto não posso gabar-me de ser muito fácil de contentar. Ora, pretender do espectador comum, em primeiro lugar, essa elevação acima do limitado da exposição (*Darstellung*) — em obras comuns ele é dispensado disso, nelas a exposição (*Darstellung*) e o assunto (*Sache*), por serem ambos comuns e rasos, coincidem muito bem — , pretender dele, além disso, uma rigorosa atenção durante duas a três horas, justamente porque o todo é um todo e ele não entende nenhuma das partes se não entender todas — enquanto nas peças comuns ele pode estar ausente quando quiser e voltar a estar atento quando quiser e no entanto sempre atina com um todo, ou seja, com um inteiro... grão de areia —, pretender dele, enfim, o sentido, totalmente carente, para a interioridade do ser humano e da ação que se passa nesse palco — por isso direção, cidade e corte acreditam que nos dois últimos atos dessa obra não há ação nenhuma, e certamente Goethe teria podido poupar esses dois atos, pela simples narração: Eugenie dá sua mão a um Conselheiro Judicial —, todas essas pretensões, compreende-se com que caras são acolhidas. Eu, porém, de minha parte, quanto mais velho fico, e quanto mais me oprime, aqui, todo dia uma estupidez qualquer, e quanto mais obras-mestras vocês nos enviam daí, só me fortaleço cada vez mais no implacável sentimento de que certamente se deve colocar o melhor, e somente o melhor, diante dos olhos do público, sem nenhuma condescendência com o tédio e o desconforto da incultura, não remendar o ruim e pendurar nele, se Deus ajudar, o bom, mas aniquilar puramente o ruim e criar puramente o bom, e de que o ruim nunca melhorará, a não ser quando simplesmente não se tomar nenhum conhecimento de que o ruim existe.

Entre os atores, a meu ver, Madame Fleck, como Eugenie, leva a palma, de longe. Em particular seu desempenho no segundo ato, na expressão da alegre expectativa do soneto, na fantasia poética logo a seguir — depois no vestir os adornos, no irromper de seu nobre sentimento de generosidade etc., foi inspirado e inspirador. Ela não arruinou propriamente nada, de que eu me lembre. Iffland representou (*stellte...* dar) muito bem, particularmente no terceiro ato, o pai amoroso, que se desvanece ao pensamento da suposta perda, e causou uma poderosa impressão sobre seu público; mas permanece sempre um pai amoroso de uma de suas peças de famílias montanhesas: a fidalguia do primeiro vassalo, cônjuge secreto da altiva Princesa, pai da eminente filha, o significativo do astro sombriamente ameaçador no horizonte político desse reino, se perderam — não em prejuízo da peça, ao que me parece, para o verdadeiro espectador; pois quem conhece Iffland de outros papéis não o tomará como idêntico a uma tal personagem e ao aceno do poeta suprirá de bom grado dignidade e elevação e profundeza. Mattausch como Rei esteve bem imponente. Ainda, como Clérigo, Bessel (que de costume faz papéis insignificantes) merece menção. Não representou sem vigor, e muito da rudeza de seus modos o espectador benevolente poderia levar à conta da vida aldeã do senhor eclesiástico. Bethmann como Conselheiro Judicial não representou com descuido, como quiseram censurar-lhe; mas o que se pode fazer desse órgão sem maleabilidade, monocórdio? Herdt como Monge não se desfez de sua natureza, de pôr os acentos assim como o exige a respiração natural; no entanto, entendia-se tudo e era possível então dizer a si mesmo o papel de outro modo e corretamente. Beschart desincumbiu-se do Governador polido e galante, como é sua maneira; e isso não fez mal ao papel. O papel da Preceptora foi dado a uma cantora, a qual, por uma cautela em si mesma louvável, ao tempo em que sua voz para o canto poderia estar declinando, quer dedicar-se à recitação: Madame Schiel. Ora, esta certamente trouxe consigo a gesticulação do teatro de ópera, mas cantar não podia, e falar não sabia. Acredito, por certo, ter adivinhado a intenção e o significado geral desse papel; mas as palavras, as duas vezes, não ouvi; sobre isso, portanto, ficou uma lacuna no meu conhecimento. Da arraigada superficialidade de Schwadkes — que representou o Secretário — não se pode fazer nenhuma personagem goetheana. Esse homem deveria ser totalmente exilado para as peças de conversação dos ingleses.

Ainda uma anedota, que para mim foi muito edificante e instrutiva. O papel da Freira foi guarnecido, no primeiro dia, por Madame Herdt, a qual se portou de tal modo que o público irrompeu em uma sonora gargalhada — e desta vez, aliás, com a mais perfeita razão. Como se arruma a direção no segundo dia? Pois bem, corta inteiramente esse papel — apenas mais uma das personagens inúteis, há de ter pensado, que entram em cena nos dois últimos atos — (como, em crescente angústia, todos os meios de salvação têm de ser tentados, antes de se lançar mão do singular recurso final, e como ainda, ao lado disso, devem desfilar perante os olhos do espectador todas as categorias sociais do reino que vai ao encontro de sua ruína, à medida da diminuição de seu espírito, disso esses críticos decerto não desconfiaram) —, mas deixou o papel de Eugenie inalterado, de tal forma que, agora, o olhar ousado para o salvo-conduto da acompanhante segue-se sem intermediário e imediatamente à recusa de vê-lo por medo de enxergar um dos dois nomes amados. Com isso, pois, Goethe que aprenda como tem de fazer para dar mais rapidez à ação, tão freqüentemente demorada em suas obras!

Uma questão: como o Autor concebe a representação (*Darstellung*) exterior da nação no porto, desse coro, do qual seus representantes se destacam e se entrelaçam na ação? (o que, de passagem, o povo daqui também não capta e a *Gazeta de Unger*, por exemplo, é de opinião que eles entram e desaparecem como transeuntes desocupados). Deve efetivamente ser visível pelo menos um começo da incomensurável vida e faina, que então a fantasia prolonga ao infinito, ou deve o espectador enxergar essa multidão como com o olho da fantasia? Na montagem daqui, só perto do final do quarto ato, quando Eugenie faz menção de convocar o povo, de repente, como que chamados, dois ou três pobres coitados, carregando um baú de roupas de estudante e alguns pequenos fardos mimosamente guarnecidos de marcas de comerciantes, passam pelo fundo do palco, que durante o resto do tempo permaneceu vazio de seres vivos. A mim isso parece, ou demais, ou muito pouco. Tenho razão ou não?

Ponto e parágrafo. O texto de Fichte, dado a ler aqui como curiosidade (o filósofo vai ao teatro...), é certamente interessante como documento da concepção estética de uma época. Mais que isso, como um documento de primeira mão: seu autor — embora, ao contrário dos românticos, de Schelling ou de Hegel, jamais tivesse cogitado de elaborar uma filosofia da arte ou sequer de deixar registro de seu *gosto* artístico — é o criador de uma teoria da imaginação extremamente refinada e, levando até as últimas conseqüências a descoberta kantiana da reflexão transcendental, operou no plano filosófico uma mutação que foi decisiva para toda a estética pensada e praticada no período do Romantismo alemão. Compreende-se, nesse contexto, o valor que poderia adquirir, não só pela raridade, um testemunho onde se pode verificar como ele próprio se situa perante uma obra de arte: constatar, por exemplo, o implacável "elitismo" com que condena toda concessão ao gosto popular, em favor do espectador *ativo*, capaz de participar da própria epifania da obra.

Mas, para o leitor de Fichte, o eixo do interesse se desloca para um motivo mais interno. Trata-se, com efeito, de um texto cujo tema é um espetáculo teatral: manifestação cênica da obra, a propósito da qual a palavra *Darstellung* (Kant traduz: *exhibitio*), que designa um problema central da especulação fichtiana (e de todo o idealismo alemão), é empregada em seu sentido concreto de *mise en scène*, e isso num momento em que a questão que ocupa o centro das preocupações de Fichte é justamente a tarefa da *Darstellung* (da exposição) de seu sistema da doutrina-da-ciência, como o atesta sua correspondência da época: — "Estou, como disse, ainda inteiramente absorvido na doutrina-da-ciência, não para descobri-la ou corrigi-la, mas para elevá-la à clareza pura".[1] Um trabalho árduo, que nada tem a ver, é preciso que se note, com a mera redação ou copidescagem de uma obra, entretanto já tida por consumada e sem defeitos, mas requer a reefetuação de suas operações. Reflexão ininterrupta, que consome por si só todas as energias do filósofo, acarretando, até, dificuldades de subsistência: — "Três anos de incessante trabalho na doutrina-da-ciência, quase sem nenhuma ocupação lucrativa, pela absoluta impossibilidade de interromper essa série de meditação, a menos de abandoná-la inteiramente, consumiram o pouco que nos restava".[2]

1) Carta a Schiller, 9 de junho de 1803.

2) Idem.

Seria um equívoco minimizar, como mera contingência, esse aspecto laborioso associado à tarefa de *expor* a doutrina-da-ciência: a importância da "exposição" é indissociável da novidade do ponto de vista que ela introduz em filosofia. Sobre esse ponto, a posição de Fichte está definida desde o início. Assentada na exploração, inaugurada por Kant, dos atos transcendentais constitutivos da objetividade, sua teoria da *Darstellung* do supra-sensível no sensível — que se configura na distinção entre o espírito (*Geist*) e a letra (*Buchstabe*) — não pode ser interpretada metafisicamente, como uma depreciação da Representação em nome da plenitude da Presença. Pelo contrário, "espírito", nesse contexto, é sinônimo de "imaginação criadora", e não significa nenhuma realidade supra-sensível de que a "letra" fosse uma cópia de segunda mão: é a própria produção do sensível, o qual, como seu produto, a designa legitimamente e lhe assegura a única visibilidade de que ela é capaz. É *na* letra, e não além dela, que o espírito tem corpo e realidade. E admitir que essa realidade é apenas *fenomênica* não é dotá-la de uma substancialidade metafísica própria nem postular, para além dela, uma outra; é simplesmente reiterar a palavra de Anaxágoras: — *Opsis gar ton adelon ta phainomena* (frag. 21a).

Por isso o discurso especulativo, *Darstellung* da doutrina-da-ciência, não é um discurso infindável por perseguir em vão a *Darstellung* de "algo" que estivesse além de toda *Darstellung*. Retoma-se incessantemente por cumprir à risca sua condição de *Darstellung*, passagem do supra-sensível ao sensível que deve ser constantemente reativada para não se fixar nessa dicotomia imaginária, trânsito *entre* espírito e letra cuja função é impedir que essa *dualidade* seja reificada em um *dualismo* estático.

Compreende-se: essa dualidade, como todas as outras que operam nesse discurso (ideal e real, eu e não-eu, consciência e ser...), resolve-se na dialética, especificamente fichtiana, entre termos-limite sempre em suspenso, uma dialética que se põe em movimento no momento em que Fichte situa o foco da reflexão transcendental numa oscilação radical da imaginação entre opostos absolutos — esse intermédio, *anterior aos termos da mediação*, é propriamente o traçado por onde o pensamento literalmente se esgueira para alcançar a verdade (em si mesma iletrada, afásica) do Transcendental. *Criticado* dessa maneira, o dualismo — reificação dos opostos — revela-se como mero fruto da Ilusão transcendental, e ter "espírito" (livrar-se da Ilusão) consiste, justamente, em não considerar os dois termos (exterior e interior, exibição e inibição, literalidade e obliteração...) como pares de opostos, mas como fases de pulsação — o que não deixa de afetar todo o panorama da Presença: o visível trabalhado por uma nova rede de visibilidade, onde o discurso filosófico se expõe e se propõe a uma leitura a contracorrente do senso comum e, nesse sentido, como notará Fichte em 1812, a "um ver contra a natureza".[3]

A noção de *Darstellung* designa, precisamente, essa ruptura interna com a lisura da Representação, e seu órgão próprio é a imaginação, da qual Fichte diz: — "Seja o que for que contenha o fundamento último de uma representação, pelo menos isto é claro, que não é ele mesmo uma representação, e que é preciso que passe por uma transmutação, antes de ser apto a encontrar-se em nossa consciência como matéria de uma representação. A faculdade dessa transmutação é a imaginação. Ela é formadora (*Bildnerin*). Não falo dela na medida em que chama de volta, liga, ordena representações tidas anteriormente, mas na medida em que, em geral, torna algo representável. Ela é, nessa medida, criadora, criadora da consciência una: dela, nessa função, não se tem consciência, exatamente porque antes dessa função não há consciência nenhuma. A imaginação *criadora*. Ela é o *espírito*".[4]

Não é o caso de interrogar essa interiorização da *Darstellung* à coisa mesma (*die Sache selbst*), para a qual Fichte já chamara a atenção de Schelling[5] e que é uma das características que permitem reconhecer nele um dos filósofos-chave da crise da noção clássica de Representação — ou de mostrar como ela torna possível abandonar legitimamente a hipótese "evolucionista" que foi, por muitos anos, o único recurso dos comentadores de Fichte para dar conta da multiplicidade das *Darstellungen* da doutrina-da-ciência. O que sugere o texto sobre a encenação d'*A Filha Natural* é, sobretudo, a indagação quanto à continuidade

---

3) Fichte, *Nachgelassene Werke* (NW), II, 394.

4) *Geist u. Buchstabe*, 1º rascunho de 1794, in *Von den Pflichten des Gelehrten*, F. Meiner, Hamburg, 1971, p. 126.

5) Carta a Schelling, 31 de maio / 7 de agosto de 1801. Uma tradução dessa carta pode ser lida em apêndice ao ensaio *O espírito e a letra*. São Paulo, Ática, 1975.

que tem esse sentido "metafórico" da *Darstellung* com seu sentido "próprio", ou: de como a postura fichtiana — de espectador, até — aponta para uma restauração do parentesco original das duas palavras gregas, *theoria* e *theatron*, e para sua origem comum no paradigma da visão (*theomai*).

A doutrina-da-ciência, *Darstellung* de 1804, na qual Fichte trabalhava durante esses "três anos de silêncio e meditação" (como diz Gueroult),[6] é justamente aquela que introduz no vocabulário da filosofia a palavra *luz*.

> 6) Martial Gueroult, *L'Evolution et la Structure de la Doctrine-de-la-Science chez Fichte*, v. 2, Paris, Belles Lettres, 1930; p. 105.

A escolha dessa palavra, para designar o princípio único que produz, geneticamente, como opostos correlatos, o ser e o conceito, refere-se, primeiro, ao deslocamento do foco da reflexão para a claridade da *evidência*, mas também ao caráter *genético* dessa evidência, inobjetivável, que só se mostra, sempre, já cindida em seus resultados: o *ser* e o *ver*. Para haver *exteriorização* ou *realização* (no sentido de *Erscheinung*) da luz pura, indica Fichte, "é preciso que o conceito seja posto, para ser anulado pela luz imediata; pois nisso, justamente, consiste a exteriorização da luz pura; o resultado, porém, e como que o saldo morto dessa exteriorização é o ser em si, o qual, porque a luz pura é ao mesmo tempo anulação do conceito, se torna inconcebível".[7] Resultado dessa ação recíproca da luz consigo mesma, a impenetrabilidade do ser ao conceito nasce, pois, da relação entre ambos e não precisa ser explicada por nenhuma substancialidade ou qualidade oculta, sem que com isso o peso ontológico recaia no pólo "consciência". Conferindo verdadeira autonomia somente à alternância *entre* os dois pólos ("nós" e "o Absoluto"), esse "monismo" da *Erscheinung* da luz é o único que desmonta a alternativa fatal da metafísica e resolve a milenar "dificuldade de toda filosofia que não quis ser dualismo e levou a sério a busca da unidade: que, ou nós tínhamos que sucumbir, ou Deus. Nós não queríamos, Deus não devia!".[8] Na intelecção (*Einsicht*) genética, dissolve-se a autonomia dos dois termos (o "eu" e o "ser") tomados separadamente, e abre-se a única perspectiva capaz de superar a faticidade da disjunção, em que o próprio Kant estacionara, entre sensível e supra-sensível. Nessa pura

> 7) Fichte, NW, II, 118.

> 8) Idem, II, 147.

9) NW, II, 251.

10) *Critique*, n.282, nov. 1970, pp.885-908.

11) *Sämtliche Werke*, I, 89. Tradução no volume *Fichte* da Col. Os Pensadores, com o título: *A doutrina-da-ciência de 1794.*

12) Idem, I, 89.

13) Idem, I, 88.

visibilidade, que engendra a visão e o visível, a doutrina-da-ciência encontra, o que promete, "uma completa solução do enigma do mundo, e da consciência".[9]

A doutrina-da-ciência, *posta em cena*, é justamente a dramatização dessa intelecção: insustentável como *teoria* — conceber o inconcebível —, ela se realiza como *teatro* — a *Erscheinung* posta em ação. E Foucault confirma. "Fichte coxo anuncia: eu fissurado/eu dissolvido." (*Theatrum Philosophicum*.[10])

Desse ponto de vista, não é de estranhar que o primeiro requisito da boa *Darstellung*, que por sua própria natureza fenomênica tem de desenrolar-se *partes extra partes*, seja a organicidade do todo, onde, para além da mera *acumulação* das partes, se mostra sua articulação, que faz de cada parte uma *pars totalis*. Numa totalidade orgânica, como deve ser toda obra viva, os componentes estão interligados por determinação recíproca, e é somente no conjunto que sua apresentação sucessiva recupera todo seu sentido. É o que está dito, desde a exposição de 1794, na advertência ao leitor crítico da doutrina-da-ciência: — "Aos futuros críticos deste escrito solicito atentarem para o todo e considerarem cada pensamento singular do ponto de vista do todo".[11] E é como contrapartida desse primeiro requisito da *Darstellung* que a doutrina-da-ciência formula a segunda das duas condições que exige de seu leitor: a capacidade de sustentar duradouramente a atenção, para que "acompanhe os fios do raciocínio e não tenha esquecido nada do que precedeu quando estiver no que segue".[12]

Mas a primeira dessas duas condições, pressupostas no leitor, é mais fundamental: "a faculdade de liberdade da intuição interna",[13] cuja falta pode vedar para sempre o acesso à filosofia transcendental. É ela que permite alcançar a interioridade daquilo que é posto em cena, perceber o jogo de dupla face entre o exterior e o interior e mesmo superar os limites, necessários ou contingentes, da *Darstellung*, para captar a essência da obra. É a ela que Fichte se refere ao falar em "espírito" e é, enfim, por meio dela que o filósofo liga indissociavelmente, com o rigor que lhe é próprio, a especificidade da doutrina-da-ciência com o paradoxo da *Darstellung*, no conhecido texto de 1794: —

A doutrina-da-ciência não se comunica pela *letra*, mas unicamente pelo *espírito*, porque "suas idéias fundamentais devem ser produzidas em todo aquele que a estuda pela própria imaginação criadora, como não poderia deixar de ser em uma ciência que vai até os fundamentos últimos do conhecimento humano, uma vez que toda a operação do espírito humano parte da imaginação, e a imaginação só pode ser apreendida pela imaginação".[14] *Não* a capacidade de elevar-se, da mera figuração alegórica, a uma comunidade transparente de "espíritos" puros, mas a faculdade de associar-se, pela produtividade da própria imaginação, à operação do "espírito" manifestando-se na "letra" — e, portanto, de tomar parte na produção da *Darstellung*.

Longe de acarretar, pois, a depreciação da *mise en scène* — depreciação que só condiria com uma teoria alegórica da *Darstellung*, viciada pelo dualismo e forçosamente reificante — essa exigência fala, pelo contrário, em nome da associação intrínseca entre "teatro" e "teoria".

Aos espectadores de Goethe — entre os quais se inclui — Fichte faz, em 1803, rigorosamente as mesmas exigências: capacidade de elevar-se acima do limitado da *Darstellung*, atenção firme e prolongada, sentido para a interioridade daquilo "que se passa nesse palco" — eis as duras qualidades de espírito que a própria obra exige, simplesmente para poder ser *vista* em sua clareza, pois a *cena* vive do espectador capaz de captar a "profundeza e simplicidade" ideais da obra. E é à total ausência dessas qualidades, no público de Berlim, que o filósofo se refere, quando se queixa de estar vivendo na "capital da barbárie" (*Mittelsitz der Barbarei*).[15] Concluir, entretanto, que diante desse público seria preciso ceder ao estado de coisas e renunciar à apresentação da obra — ou mesmo, numa opção mais conseqüente, à própria produção do "melhor" — seria contraditório com a importância mesma da *Darstellung*. Somente sua defesa intransigente, sua afirmação sem condescendência a despeito da hostilidade vigente, é compatível com a excelência que deve passar à existência e ocupar o lugar a que faz jus: a cena.

É o que confirma a distinção, cuidadosamente marcada por Fichte, entre a encenação e a leitura individual da obra.

14) SW, I, 285.

15) Carta a Schiller, 20 de julho de 1803.

Apesar dos defeitos da montagem berlinense, a *Darstellung* ideal do leitor — atualização da obra no elemento da imaginação, obtida no isolamento do gabinete — não é melhor por estar mais "próxima" da obra ou por ser sua reprodução mais "fiel". Encontra, por certo, menos entraves em sua liberdade de figuração, mas é inócua, exceto pela insatisfação, que gera, com a *Darstellung* real. Qualquer privilégio, entretanto, que pudesse vir a ser-lhe conferido — então, sim, em nome de um elitismo depreciativo — é desmentido pela preocupação de Fichte — ele que não leu a peça e toma contato com ela na sala de espetáculos — com a *mise en scène* concreta, chegando até aos pormenores do desempenho dos atores, do comportamento da direção e do público, da movimentação de cena e do ritmo do espetáculo. Assim, a apreciação da qualidade dos atores, que vai desde uma plena "presença de espírito", eficiência subjetiva e objetiva do *Geist* na atuação "inspirada e inspiradora" (*begeistert und begeisternd*) da primeira atriz, passando pela feliz coincidência entre a característica do ator e um traço da personagem, ou pelo socorro prestado pelo espectador ativo ao suprir um papel dito incorretamente, até o grau mínimo de espírito, seja na opacidade inexpressiva de um ator, que cria um vazio no conjunto ou, efetivamente, no vazio real criado, por obra da direção, com a eliminação de um dos papéis. Assim, a questão final, quanto à presença dos figurantes em cena e à opção necessária, que não foi feita na montagem, entre uma representação realista e uma representação convencional da população: — "Deve ser visível pelo menos um começo da incomensurável vida e faina, que então a fantasia prolonga ao infinito, ou deve o espectador enxergar essa multidão como com o olho da fantasia?".

Nem se pode pensar, por outro lado, que a *Darstellung* imaginária do leitor se confundisse com a obra mesma, em estado subjetivo, à espera de sua efetuação no real. A obra, em si mesma, é invisível e condição de visibilidade: sua clareza (ou *claridade*) é a mesma da *luz*, que torna visível e não se vê, que está em toda parte e em parte nenhuma — e seria contraditório pensar que uma *Darstellung*, ainda que privilegiada, pudesse esgotá-la, dando-lhe completa objetividade. A relação entre obra e *Darstellung*, mais uma vez, não é a da reprodução simples, mas a da produção interna. Nesse sentido, a obra distingue-se tanto da *Darstellung* real quanto da ideal por funcionar como uma *Idéia*; é o que o "bom espectador" *erblickt*: "através do limitado da *Darstellung*, o ideal dela e, através deste, a obra". E não é por acaso que Fichte, para erradicar todo mal-entendido que, ainda aqui, poderia reintroduzir o dualismo metafísico, propõe repetidamente a tradução da palavra grega *Idea* por *Gesicht* (visão), citando como exemplo a equivalência: "o profeta vê idéias" — "o profeta vê visões".

Com efeito, se Fichte pensa o espetáculo, a cena, a *Darstellung*, como mero revestimento exterior de uma Idéia, objetivada no mundo dos fenômenos para ser dada a ver, não deixa de ser essa visibilidade a única condição — e indispensável — da própria vida da Idéia, que não tem *existência* a não ser na *exibição*.

Assim como não há saber filosófico independente de sua manifestação no discurso, sujeita à variabilidade e à contingência da condição empírica, não há obra teatral sem encenação, e não falta ironia ao comentário do filósofo à opinião do crítico teatral berlinense, que considerava a peça de Goethe uma obra para o gosto da elite, cuja fruição deveria esgotar-se na leitura: — "Ele conclui mais ou menos com o resultado: essas coisas são muito boas para a leitura em gabinete fechado diante de um ou dois amigos, mas o teatro exige coisa diferente. E essa ainda foi a voz mais amistosa, que se fez ouvir publicamente!" (carta de 20 de julho). Ao que, para maior clareza, convém acrescentar: a palavra *Theater*, na terminologia literária alemã, não se refere nunca à obra escrita (o termo técnico é *Drama*), mas somente à obra encenada.

Nesse contexto, não deixa de vir a calhar o fato de que a própria peça de Goethe, de que Fichte se faz o ardoroso defensor, tenha como tema a questão da *Erscheinung* (que se traduz, em vários níveis: "fenômeno", "aparição", "desabrochamento") e traga como mote aqueles dois versos, ditos por Eugenie no segundo ato:

O que é aparência, se lhe falta o ser?
O ser seria, se não aparecesse?

Pondo em ação as vicissitudes de Eugenie, *A Filha Natural* compõe, em versos decassílabos, um jogo de metáforas ou, como diz Goethe, "um encadeamento de puros motivos" — em torno da passagem do oculto ao aberto, da noite ao dia, do círculo da existência privada ao cenário público, e dos perigos a que esse "expor" é expor-se, por força da rede (*Netz*) de interesses que estrangula essa passagem à visibilidade.

Eugenie, a de ilustre gênese, é o novo, o puro, o *natural* que brota (*aus hohen Haus entsprossen*) ilegitimamente nas falhas de um mundo de *aparências* fortemente codificadas, onde cada indivíduo só tem o nome de seu papel (o Duque, a Princesa, o Rei, a Preceptora...) e onde a "verdade" de Eugenie, sua alta *essência* publicamente assumida pecaria por excessiva. Compreende-se: essa rede de aparências, que se esvazia de ser, onde as funções se tornam rótulos sem substância, precisa reificar-se para salvar-se da corrosão que a vai minando. Nela, a manifestação de Eugenie, que não pertence a nenhum dos dois partidos, que não tem nenhuma culpa, que ambiciona apenas existir com o brilho (*Schein*) de sua essência (*Wesen*), torna-se automaticamente subversiva, provoca o mecanismo da oclusão, do recalque em que todos conspiram, da censura que, da parte do poder político, não é prova de força, mas sintoma de fraqueza. Ela seria, na linguagem de Fichte, o "espírito" que, para afirmar-se, causa ruptura e deslocamento na superfície da "letra" — e é uma ameaça pela própria excelência de sua natureza, que afinal, simplesmente para existir, tem de aceitar desnaturar-se.

Perigoso, desse modo, para quem se coloca afirmativamente a tarefa e a questão da *Darstellung*, é o próprio jogo entre a aparência e a essência, uma correspondência que não atende espontaneamente à formulação que lhe dá Eugenie no segundo ato.

Seria preciso concluir, também neste caso, que a essência, conforme à solução do quinto ato, só pode salvar-se da destruição renunciando à aparência e recolhendo-se na pura interioridade? O texto não deixa de indicar que essa interioridade, renúncia à *mise-en-scène* no real, é a particularidade da condição burguesa, o círculo da vida privada onde a consciência se esgota na fruição "teórica" de sua própria excelência impedida de atualizar-se. Que essa renúncia possa ser traduzida nos termos de um acatamento da separação — ocidental e moderna — entre "teatro" e "teoria", não seria, em todo caso, uma conclusão tão distante. Afinal, essa interioridade da consciência privada é justamente o lugar, longe do *teatro*, que a revolução burguesa parece ter reservado para a *teoria* (cuja *Darstellung* talvez fosse — como pensou mais tarde, para consolar-se, o século XIX — uma outra revolução).

Insistindo que o lugar da peça de Goethe é o palco, e não a fruição em gabinete fechado, fazendo a crítica da trama de condicionamentos estéticos, culturais — e mesmo metafísicos — em que a crítica, o público e mesmo os responsáveis pelo espetáculo se reconhecem para obstruir a *mise-en-scène* de *A Filha Natural*, não estaria Fichte, por sua vez, tentando trazer à luz uma estratégia de *ocultamento*? E não se poderia supor, nesse caso, que o entusiasmo do filósofo pela "obra-mestra do mestre" seria a conseqüência de uma leitura que o faz ver, no palco, uma *Darstellung* auto-referente? O que se pode mostrar, pelo menos, é que ele coloca o problema da *encenação*, em relação a ela, nos mesmos termos em que vive a tarefa da *exposição* da filosofia. Por isso não poderia concordar com a apreciação retrospectiva de Goethe, em 1825, a respeito de sua própria obra: — "Minha Eugenie é um encadeamento de puros motivos; e isso não pode fazer fortuna no palco".

Uma conjetura dos biógrafos é que Fichte, ao mandar a Schiller uma resenha tão minuciosa da apresentação da peça em Berlim, tinha em mente fazê-la chegar ao conhecimento de Goethe, com quem suas relações não eram estreitas. Isso realmente aconteceu. No dia 29 de agosto do mesmo ano, em carta enviada a Zeltner, em Berlim, Goethe assinala: — "Fichte escreveu a Schiller uma carta muito bela e amável sobre a Eugenie. Agradeça a ele por mim".

O simbólico em Schelling

Uma dúvida de tradução pode dar muito a pensar. A certa altura, para exemplificar um procedimento estilístico (a substantivação do adjetivo), Wolfgang Kayser cita, em seu difundido manual de *Interpretación y Análisis de la Obra Literaria*,[1] a decantada estrofe final do *Fausto* (versos 12.104-5) — aqueles oito versos pronunciados pelo *chorus mysticus*, que terminam exaltando o "eterno-feminino" e principiam:

> *Alles Vergängliche*
> *Ist nur ein Gleichnis;*
> *Das Unzulängliche,*
> *Hier wird's Ereignis (...)*

1) Madri, 1954; p. 174.

E os tradutores espanhóis escrevem: *Todo lo perecedero / És sólo un símbolo; / Lo insuficiente / Tórnase aquí suceso* (...).

Chama a atenção essa tradução de *Gleichnis* por *símbolo*, perfeitamente adequada para uma linguagem frouxa — para a prosa do senso comum — mas, sem dúvida, forte demais quando entra em jogo a densidade do discurso poético ou filosófico. Todo o contexto — e a inflexão geral do pensamento de Goethe — quase provocam a tentação de forçar o texto no sentido contrário e dizer: "Todo o perecível / É só uma *alegoria*". Pois trata-se aqui de *relativizar* o "perecível": é inconfundível o tom de consolação que perpassa as palavras ditas, no momento da despedida, ao Fausto final.

Escreveria "é *apenas* um símbolo" alguém que atribui ao simbólico uma importância vital e uma articulação complexa, na própria juntura entre o ideal e o real? É o caso de Goethe, que chega a anotar, em seu caderno de estudos, isto, por exemplo: "O verdadeiro simbolismo é aquele em que o particular é o representante (*repräsentiert*) do universal, não como sonho e sombra, mas como revelação (*Offenbarung*) vital-instantânea do insondável".[2]

Não, essa *parábola* (pois em alemão se diz: "as *Gleichnisse* do Novo Testamento"), esse mero *símile* que é o "perecível"

2) Goethe, "Gedanken und Sprüche". In *Schriften über die Natur*, Stuttgart, 1949; p. 31.

— apenas um adjetivo substantivado — não é o *símbolo* em seu sentido prenhe.

Seria preciso uma confirmação? Leia-se o capítulo "Dos Poetas", do *Zaratustra*, de Nietzsche, que é todo ele um comentário paródico, malicioso, dito em tom empostado, daquela estrofe do *Fausto*, alertando para esse jogo de escamoteamento, típico dos poetas, que consiste em introduzir sorrateiramente a crença no... imperecível. Ou então, no mesmo sentido, a primeira das "Canções do Príncipe Vogelfrei", que se chama *A Goethe* e é a paródia — imitando a cadência e invertendo a intenção — daqueles oito versos:

> "O imperecível
> É apenas *teu* símile!
> Deus, o capcioso,
> É artimanha de poeta (...)"

Onde se nota, ainda, o jogo de palavras entre *dein Gleichnis* e *deinesgleichen*, o "teu semelhante", no sentido bíblico: Deus, o imperecível, falsificado à imagem e semelhança do poeta. Nos dois casos, porém, aquilo que serve de *Gleichnis* é uma instância secundária, sem existência própria, valendo apenas como reprodução ou arremedo fantástico de um outro, este sim substantivo. Como sombra, se é o "perecível"; se é o "imperecível", como sonho: jamais como "revelação vital-instantânea do insondável". E essa referência ao outro, esse sentido que se esgota na relação, é o que define — e se inscreve na própria palavra: "alegoria".

Goethe, como não poderia deixar de ser, estava ciente da distinção entre símbolo e alegoria e da importância da questão, que é também a do valor da arte e foi crucial no "momento" romântico. E naturalmente, quando se trata de elaborar essa distinção no nível do conceito, é a Schelling — o único dessa geração de filósofos que contou com sua simpatia sem reservas — que o poeta se dirige. Ao recomendar a Schelling, que acabava de se transferir para a Universidade de Würzburg, o pintor romântico Martin Wagner, natural daquela cidade, solicitando o apoio que fosse possível, material e intelectualmente, para favorecer o desenvolvimento do talento que se revelava, Goethe lhe escreve, pois, na data de 29 de novembro de 1803:[3] "Se puder fazê-lo compreender a diferença entre tratamento alegórico e simbólico, você será seu benfeitor, pois tanta coisa gira em torno desse eixo".

O pedido estava bem endereçado. Schelling, em sua laboriosa velhice, foi o pensador que mais se empenhou, ao longo de toda a *Filosofia da mitologia* (a partir de 1842), no insistente combate à interpretação alegórica do mito — herança renitente dos estóicos e na afirmação reiterada de que o mito fala por si mesmo e de si mesmo: não fala *de outra coisa*. Mas já na época, tantos anos antes, está de posse do conceito de símbolo, nesse mesmo sentido. Ao receber a carta de Goethe, prepara-se, justamente, para ministrar pela segunda vez seu curso de *Filosofia da arte*, pronunciado em Iena no inverno anterior, onde ensina o caráter eminentemente *simbólico* das figuras dos deuses: Júpiter é o símbolo (*Sinnbild*) daquilo que a filosofia especulativa apresenta como identidade absoluta do ser eterno; Minerva, que nasce adulta e armada de sua divina cabeça, é o símbolo da forma absoluta e do universo. "*Só que não*: que Júpiter ou Minerva *significassem* isso ou *devessem* significá-lo. Com isso, estaria anulada toda independência poética dessas figuras. Elas não o *significam*, elas o *são* em si mesmas. As Idéias na filosofia e os deuses na arte são o mesmo, mas cada qual é por si aquilo que é, cada qual uma perspectiva própria do mesmo, nenhum em função do outro, ou para significar o outro."[4] Pois a "exigência de uma mitologia é precisamente, *não* que seus símbolos meramente *signifiquem* Idéias, mas que sejam seres independentes, significativos por si mesmos".[5] E, transposta para o plano da criação artística individual, esta concepção de Schelling está na mesma linha, de inspiração goetheana, em que se inscreve o ideal romântico que leva o fictício pintor Berklinger, personagem de E.T.A. Hoffmann, a proclamar: — "Só os fracos e ineptos pintam quadros alegóricos. Minha imagem não deve *significar*, mas *ser*".

Na ocasião, o professor desencontrou-se do artista, embora tenha indagado por ele em Würzburg (Martin Wagner viajara para Paris). Mas deixou delineadas, no texto

3) Schelling, *Briefe und Dokumente*, v. 3, Bonn, Bouvier, 1975, p. 32.

4) Schelling, *Filosofia da arte*, *Sämtliche Werke* (SW), V, 400.

5) Idem, V, 447.

de suas preleções universitárias, as linhas mestras de uma rigorosa teoria do simbólico, cujo alcance ainda hoje se pode medir.

* * *

O § 59 da *Crítica do juízo* é a fonte principal da reflexão pós-kantiana sobre o símbolo. Ali, antes de entrar no exame Do Belo como Símbolo da Eticidade, Kant se detém no esclarecimento da noção de "representação simbólica", denunciando o contra-senso que cometem os "novos lógicos" ao opô-la à representação *intuitiva*. Tanto o simbolismo quanto o esquematismo são operações da faculdade de julgar que *expõem* o conceito na *intuição*; ambos, intuitivos, subordinam-se ao conceito genérico da *hipotípose*. E Kant explica a palavra "hipotípose" (em grego: esboço, subfiguração) como sinônima de *Darstellung* (exposição, encenação), de *exhibitio* — e, mais explicitamente, como *subjectio sub adspectum*, isto é, sujeição à figura, à forma ou, em suma, ao olhar. Trata-se, sempre, da *Versinnlichung* (sensibilização) de um conteúdo conceitual.

A verdadeira diferença entre essas duas formas de *Darstellung* só se revela, então, quando se observa que, para os conceitos do entendimento, a imaginação oferece *esquemas* que lhe são adequados e nos quais eles podem mostrar-se (*Demonstratio*) diretamente (assim, a permanência do real no tempo é o "monograma" da imaginação que exprime a categoria da substância, assegurando-lhe "referência a objetos e, portanto, *significação*"), enquanto os conceitos da razão (as Idéias) não podem ter na intuição nenhum correspondente adequado. Por isso, para expor estes últimos, a faculdade de julgar tem de proceder de maneira indireta, analogicamente (*Analogie*), elegendo uma intuição que não tem com o conceito nenhuma semelhança de conteúdo e valendo-se apenas do acordo entre as regras da reflexão sobre um e sobre o outro. Nessa atividade, específica da reflexão, que "põe em cena" um conceito "indemonstrável", consiste o ato de *simbolizar*. Exemplos: um corpo dotado de alma como símbolo de uma monarquia legítima; uma mera máquina (um "moinho de mão") como símbolo de um Estado despótico; as nossas palavras *Grund* (base, fundamento), *abhängen* (depender) e *Substanz* — sempre a reflexão sobre um objeto da intuição *transferida* para um conceito totalmente outro, ao qual nenhuma intuição corresponde.

"Essa operação" — diz Kant — "até agora ainda foi pouco explicitada, por mais que mereça uma profunda investigação" — sobretudo quando se observa que somente a compreensão do caráter *simbólico* do único "conhecimento" que nos é dado ter de Deus permite escapar aos dois extremos do *Antropomorfismo* (que interpreta *esquematicamente* a atribuição de "entendimento, vontade, etc." a um ser extramundano) e do *Deísmo* (que exclui totalmente a intuição). Mas não é o interesse de Kant enveredar por essa investigação. Basta-lhe reservar o esquematismo, assim definido, para as operações da razão teórica e para a metafísica da natureza, e o simbolismo, que explica a "típica" da lei moral, para uso da razão prática e da metafísica dos costumes.

O passo que Schelling dá em relação a Kant pode ser medido, também, à luz do tratamento desse tema. O que ele retém da análise kantiana do símbolo é precisamente a noção de uma analogia interna ou estrutural, no nível das regras da reflexão, lida porém como indício de uma afinidade mais essencial que a semelhança externa, aparente ou, como diz Kant, "direta". Vai buscar o sentido original da palavra *símbolo* na senha ou marca de reconhecimento (a *tessera* dos romanos), que foi primitivamente aquele objeto partido em dois cuja apresentação e encaixe permite a dois amigos se reconhecerem, no reencontro depois de longa ausência[6] — e assim restitui ao símbolo seu sentido etimológico de "convergência", "encontro". É nesse contexto que se afirma a orientação visceralmente *simbólica* que tem a filosofia da natureza, ao promover a identidade no todo e buscar o infinito no finito: orientação historicamente oposta à tendência *alegórica* do cristianismo,[7] pois para ela, justamente, o finito não é "apenas um *Gleichnis*". Adotar o estilo simbólico, em filosofia, é situar-se a contracorrente desse cristianismo, que define a modernidade (por oposição ao paganismo antigo) como este mundo dos indivíduos

6) *Filosofia da mitologia*, II, 639.

7) *Filosofia da arte*, SW, V, 448.

8) SW, V, 444.

9) Idem, V, 447.

10) Idem, V, 549.

11) Idem, V, 406-407.

dominados pelo universal: "Aqui todo o finito é perecível (*vergeht*), pois não é em si mesmo, mas apenas para significar o infinito",[8] condição inevitável quando ele é concebido "apenas como o alegórico do infinito".[9]

Mas, na verdade, a oposição entre símbolo e alegoria não é uma oposição simples, de pura contrariedade. Há, sem dúvida, apenas essas duas formas de *Darstellung* do universal no particular: a alegórica, em que o particular significa o universal, e a simbólica, em que ele *é* o universal.[10] Mas as formas da *Darstellung* em geral não são duas, e sim três — o simbolismo, o esquematismo e a alegoria — e somente no jogo dialético entre todas elas se define a função própria e o alcance de cada uma. Por isso, para poder definir o simbólico como *princípio interno de construção da mitologia*, é preciso explicá-lo a partir desse quadro geral. Esse é o sentido da combinatória de definições que Schelling apresenta a seguir, bem no estilo da filosofia da natureza:[11]

> Aquela *Darstellung*, na qual o universal significa (*bedeutet*) o particular, ou na qual o particular é intuído através do universal, é *esquematismo*.
>
> Aquela *Darstellung*, porém, na qual o particular significa o universal, ou na qual o universal é intuído através do particular, é *alegórica*.
>
> A síntese destas duas, onde nem o universal significa o particular, nem o particular o universal, mas onde ambos são um, é o *simbólico*.

O símbolo, encontro das duas metades da medalha, anulação da "ausência" pressuposta pela *Bedeutung*, não é, pois, apenas o oposto da alegoria, como para Goethe, ou o sucedâneo do esquema, como em Kant: está em nível superior e contém a ambos. É isso que, traduzindo com muita felicidade a palavra "símbolo", o termo alemão *Sinnbild* (imagem-sentido) põe em evidência: "Sem dúvida não nos contentamos com o mero *ser sem significação*, tal como é dado, por exemplo, pela mera imagem, mas tampouco com a mera significação; aquilo que deve ser objeto da *Darstellung* artística absoluta, nós o queremos tão concreto, igual somente a si mesmo, quanto a imagem, e no entanto tão universal e cheio de sentido quanto o conceito".[12]

75) Idem, V, 411-412.

Aquilo que Hegel designará mais tarde pela expressão "universal concreto" — e é nessa condição que o mito e a obra de arte são simbólicos para Schelling — pressupõe, pois, a complexidade dessa operação de *Darstellung*, em que se interpenetram a pura particularidade da *imagem* — que por sua concretitude e completa determinação seria indiscernível do objeto se não fosse a diferença de espaço — e a universalidade abstrata do *sentido*. A "angústia feita coisa" que Sartre verá fulgir, muitos anos depois, numa tela de Tintoretto, é a redescoberta desse efeito de plena iconicidade, com total permeabilidade ao sentido: "Esse esgarçado amarelo do céu sobre o Gólgota, Tintoretto não o escolheu para *significar* a angústia, nem tampouco para *provocá-la*; ele *é* angústia, e céu amarelo ao mesmo tempo".[13]

13) Sartre, "Qu'est-ce que la littérature", in *Situations*, p. 61.

Mas coube a Schelling mostrar que esse efeito resulta de uma operação complexa, pensável somente na confluência entre o procedimento esquematizante, que subordina o universal ao particular, e o procedimento alegorizante, que inversamente dissolve o particular no universal. Já o *Sistema do idealismo transcendental*, de 1800, conferia à arte, em sua função simbólica, a dignidade de "único *órganon* verdadeiro e eterno e, ao mesmo tempo, único documento da filosofia":[14] pois nela a filosofia encontra a única forma de *Darstellung* em que natureza e liberdade se reúnem e fica sem efeito a dicotomia kantiana entre o "esquematismo" da razão teórica e o "simbolismo" — ou alegoria? — da razão prática.

14) SW, III, 627.

Esquema, alegoria, símbolo: três *formas* da *exhibitio*, três operações da imaginação (que, como mostrou Kant, é o órgão que ocupa "o meio" entre a intuição e o conceito), "só que exclusivamente a terceira é a forma absoluta".[15] Mas é preciso observar logo que, em primeiro lugar, essa primazia do símbolo não é apresentada como doutrina, mas como tarefa ou *problema*, cuja solução é justamente a mitologia. Em segundo lugar, não se trata de uma simples tomada de partido *contra* a alegoria: trata-se de dispor essas três formas no arcabouço da triplicidade e compreender a especificidade de cada uma delas a partir dessa sintaxe global.

15) Idem, V, 407.

Somente nesse sentido se pode compreender a vocação simbólica atribuída por Schelling à filosofia especulativa, não como o oposto da alegoria cristã, ou como sua negação e superação dialética, mas como relativização do unilateral no interior da perspectiva mais abrangente — "O infinito *é* o finito" — ensina a filosofia do *En Kai Pan* — e a distância da significação, introduzida entre ambos, só tem vigência como prisma em que se espelha "a identidade eterna e essencial de todas as coisas".[16]

16) *Filosofia da arte*, SW, V, 336.

* * *

Há, pois, um jogo de relações entre as três formas de exposição, escalonadas em gradação (*Stufenfolge*) a partir da lógica interna que se estabelece entre elas. E bastam alguns exemplos para mostrar a eficácia operatória desse modelo. O mais evidente deles é a análise da interpretação alegórica da mitologia, cujo porta-voz mais notório, na ocasião, é o filósofo Heyne, precursor do ferrenho "anti-simbolismo" de Voss, que foi, na época da *Filosofia da mitologia*, o opositor sistemático de Creuzer e de Schelling.

Buscar no mito um sentido outro, oculto ou travestido, é o que caracteriza essa técnica de exegese, em todas as suas versões: o evemerismo (que, na linha do epicurista Evêmero, vê na narração mítica a lembrança deformada de grandes acontecimentos e feitos humanos), o moralismo (que entende os deuses como personificações de qualidades morais) e o fisicalismo (que toma o mito como metáfora de fenômenos naturais). O ato inaugural de todas elas é o mesmo: despojar o mito de seu sentido *próprio*. "A mitologia diz, pois, ou parece dizer algo outro, que não o que é visado (*gemeint*), e as interpretações adequadas à perspectiva enunciada são sempre — e tomada a palavra em seu sentido mais amplo — *alegóricas*"; e, ao pé da página, a observação que não poderia faltar: "Alegoria, como se sabe, vem de *allo* (um outro) e *agoreuein* (dizer)".[17]

17) *Filosofia da mitologia*, I, 26.

É isso mesmo que a *Filosofia da arte* de 1802 censura em "Heyne e sua escola": pretender que os mitos gregos tinham originalmente uma intenção alegórica, eram *allegorisch gemeint*, e que a "independência poética" que adquirem em Homero é obra do poeta e da transposição artística. O que já garante a essa escola, pelo menos, o defeito do anacronismo, por não perceber que "a mitologia se encerra, tão logo começa a alegoria", e "as poesias e filosofemas alegóricos, como os denomina Heyne, são inteiramente obra de tempos mais tardios".[18]

Mas — o que é mais importante — o correto estabelecimento do conceito de *símbolo* permite, não só rejeitar esse método por sua incapacidade de abranger a totalidade do fenômeno, mas sobretudo explicar sua origem e indicar aquilo que, no próprio fenômeno, de certo modo o legitima. Não ocorreria a ninguém o pensamento de encontrar alegoria nos mitos, se ela não estivesse efetivamente inscrita neles, se o símbolo não contivesse também a alegoria: "Na alegoria o particular apenas *significa* o universal, na mitologia ele *é* ao mesmo tempo o universal mesmo. Mas justamente por isso todo simbólico é também muito fácil de alegorizar, pois a significação simbólica encerra igualmente em si a alegórica".[19]

A alegoria é, por assim dizer, um dos "movimentos" da operação simbólica. Não se trata, pois, de reprimi-la unilateralmente e cortá-la desse contexto de que faz parte, sob pena de cair em novo reducionismo e perder de vista a "infinitude de sentido" presente em toda *Darstellung* de caráter simbólico. A "magia" dos poemas homéricos e da mitologia grega consiste, justamente, em conterem "também a significação alegórica como *possibilidade* — pode-se também, efetivamente, alegorizar tudo",[20] desde que com isso não se pretenda reduzi-los à *mera* alegoria, desconhecendo a *propriedade* de seu ser independente. Ser e significar *ao mesmo tempo* é a originalidade do simbólico, e somente a atenção a ambas as perspectivas evita que se desnature o mito, sacrificando o ser à significação. Não há ironia nos deuses gregos, seu sentido não reside em nenhum além exterior e longínquo — e é preciso tomar essas figuras em sua realidade própria de *Darstellung* absoluta para não mutilar sua verdadeira dimensão. "Cada figura [na mitologia] deve ser tomada como aquilo que ela é, pois, justamente através disso, ela é tomada também como aquilo que ela significa. A significação, aqui, é ao mesmo tempo o ser mesmo, passado ao objeto, idêntico com ele. Tão logo fazemos esses seres *significarem* algo, eles mesmos não são *mais nada*."[21]

18) SW, V, 410.

19) Idem, V, 409.

20) Idem, V, 409.

21) Idem, V, 411.

A perspectiva alegórica tem, então, outro sentido, além do equívoco a ser evitado e do vício da unilateralidade. É também, devidamente compreendida, o indício seguro da riqueza da perspectiva simbólica, que se coloca acima de todo reducionismo. Por isso, em sua reflexão tardia sobre a mitologia, o criador da *Naturphilosophie* saberá reconhecer, na própria alegoria fisicalista, o que ela contém de positivo: "No tocante às interpretações fisicalistas, não se deve pôr em questão a possibilidade material delas, se bem que com isso não se legitime a explicação [que dão da mitologia], pois, para fazê-lo, seria preciso antes isolar a própria natureza e negar sua conexão com um mundo superior e universal, que, talvez, se espelha na mitologia assim como na natureza. O fato de serem possíveis tais explicações apenas dá testemunho em favor da universalidade da mitologia".[22]

22) *Filosofia da mitologia*, I, 29.

Está fora de dúvida que Schelling compartilha da intuição do poeta Karl Philipp Moritz a respeito da "genialidade" da criação mitológica, diante da qual não faz sentido perguntar pela *significação*, assim como não se pergunta, diante da obra poética: "que significa a *Ilíada*? que significa a *Odisséia*?".[23] Sabe que introduzir a exegese no universo do mito é quebrar o encanto, é destruir o "poeta mitológico" como poema e transformar suas belas figuras em "hieróglifo e letra morta"; e assinaria sem ressalvas o texto em que o poeta define o ponto de vista eleito para a consideração do mito: "Para não estragar nada nesses belos poemas, é necessário primeiramente, sem levar em conta algo que devessem significar, tomá-los exatamente *tais como são*, para, tanto quanto possível, considerar o todo com uma visão de conjunto e pouco a pouco encontrar a pista até mesmo das referências e relações mais longínquas entre os fragmentos isolados que nos restaram". Para isso é preciso abandonar enunciados do tipo "Júpiter significa o ar superior" e estabelecer como norma a leitura desses conceitos em sua individualidade concreta: "O conceito *Júpiter* significa, no território da fantasia, *em primeiro lugar* a si mesmo, assim como o conceito *César*, na série das coisas efetivas, significa o próprio César".[24]

23) Moritz, *Götterlehre*, 1795; p. 4.

24) Moritz, idem, p. 3.

Schelling, na *Filosofia da arte*, não aproveita apenas a orientação de Moritz — atribuindo a seu senso poético o grande mérito de ter posto em evidência essa "absolutez poética" da mitologia — mas adota também suas fórmulas: os "poemas da mitologia", que não podem ser pensados nem como intencionais nem como não-intencionais (§ 41); o "mundo da fantasia" constituído pelos deuses em sua existência independente (§ 34); a "fantasia", faculdade da exposição intuitiva, como único órgão para captar esse mundo (§ 31). Mas a articulação dessas noções, no contexto da teoria do símbolo, dá-lhes outro sentido e uma nova profundidade, que não se esgota na bela liberdade da poesia, entendida como *Dichtung* — como "ficção" oposta à verdade. Por oposição à leitura alegórica, para a qual "o mito tem verdade, mas uma verdade outra, além dele mesmo", Moritz afirma a independência e a coerência interna da mitologia em si mesma, mas à custa da aceitação deste resultado: "o mito não tem verdade". Faltou-lhe compreender o procedimento simbólico em sua inteireza, *Dichtung* e *Wahrheit* no mesmo ato, no cruzamento dos dois percursos da significação, entre o esquema e a alegoria. Por isso "ele só é capaz de mostrar que com esses poemas é assim, mas não a necessidade e o fundamento disso".[25]

25) *Filosofia da arte*, SW, V, 412.

A natureza da mitologia só se revela plenamente quando ela é compreendida como a perfeita solução poética de uma exigência especulativa: a exigência da exposição absoluta, "com *total indiferença*, isto é, de tal modo que o universal *é* inteiramente o particular, ao mesmo tempo que o particular *é* o universal inteiro".[26] A mitologia, entendida desse modo, tem tanta verdade quanto a natureza, que reproduz, em seus fenômenos, a gradação completa das três formas da *exhibitio*, funcionando como categorias universais: esquematizante na luz, alegorizante nos corpos físicos, simbolizante no organismo. E é tão completa quanto o mundo do espírito, que tem no pensamento seu esquematismo, na ação sua alegoria e na arte seu simbolismo.[27] Mais que isso: ela é o encontro da natureza e do espírito, do ser e do sentido, e por isso mesmo "condição necessária e matéria-prima de toda arte".[28] É esse seu caráter de "verdadeiro simbolismo" que torna vã a tentativa de explicá-la, seja como mero "esquematismo da natureza", seja como simples "linguagem superior".[29] Mas, nisso, ela não

26) SW, V, 411.

27) Cf. SW, V, 514; 410-11.

28) Idem, V, 405.

29) Idem, V, 408.

faz mais que levar à perfeição a propriedade do símbolo, da qual não custa dar mais um exemplo, mencionando outra dessas "figuras poéticas permanentes e independentes", encontráveis em qualquer "mitologia": "Assim, Santa Madalena não *significa* apenas o remorso, mas é o próprio remorso vivente".[30]

Ser *e* significar: assim como é preciso olhar com os dois olhos para *ver* efetivamente a dimensão de profundidade das figuras, que não está em nenhuma das duas imagens, somente a superposição desses dois aspectos permite captar o simbólico em sua completa tridimensionalidade. Testemunho disso, por exemplo, é o erro inverso ao do alegorismo, o achatamento da natureza produzido por uma ciência física que perde de vista a dimensão simbólica: "O empirismo toma o ser totalmente independente de sua significação, já que é da natureza do símbolo ter uma vida independente em si mesmo. Nessa separação, ele só pode aparecer como puramente finito, com total negação do infinito".[31]

* * *

Schelling não poderia sustentar tal concepção do símbolo e do mito sem que isso trouxesse conseqüências para seu projeto filosófico. Levar à risca a exigência da exibição absoluta — simbólica — tal como se manifesta de maneira privilegiada na mitologia, só tem sentido para uma filosofia que se coloca perante estas duas tarefas: eleger, para seu próprio discurso, o registro do simbólico — e, conseqüentemente, estabelecer com precisão sua relação com o discurso mitológico propriamente dito.

A ambição do programa de Schelling, que alcança sua formulação mais nítida na época do *Sistema do idealismo transcendental*, vai nesse sentido. O "primeiro sistema verdadeiramente universal", aquele que, indo do elemento mais simples da natureza até a complexidade da arte, será capaz de reunir "os dois extremos mais opostos do saber",[32] terá de dividir-se em uma *física* (correspondente à filosofia da natureza, também chamada "física especulativa") e uma *ética* (correspondente ao idealismo transcendental); mas só

30) SW, V, 555.

31) *Método do estudo acadêmico*, SW, V, 319.

32) SW, IV, 89.

encontrará seu acabamento e seu fecho na confluência das duas, unificando-se em uma *poética* ou "sistema da arte".[33] Só assim poderá aspirar à totalidade exaustiva de um conjunto orgânico.

33) SW, V, 92.

Ao propor, dessa maneira, uma rearticulação e recuperação do sentido original das antigas expressões gregas — física, ética e poética — Schelling não está apenas atendendo à vocação histórica do idealismo alemão, de encontrar a unidade interna e a continuidade entre as três *Críticas* de Kant, nem simplesmente procurando relativizar o sistema de Fichte, acusado de excluir a natureza e esgotar-se no moralismo puro. Está propondo, para a filosofia, o percurso completo pelo três estágios do esquematismo, da alegoria e do símbolo, para culminar, neste último, rivalizando com a arte.

Fichte havia inserido, em seu *Sistema da ética* de 1798, uma indicação concisa sobre a relação que tem com a filosofia a atividade artística, que não se dirige meramente à inteligência ou ao coração, mas abrange "a mente inteira, na unificação de suas faculdades": ao escrever que a arte *faz do ponto de vista transcendental o comum*, ele está forjando uma fórmula para indicar que o artista se move espontaneamente na imediatez do mundo ideal, ao qual o filósofo só tem acesso pelo trabalho da mediação e pela reflexão sistemática. Ambos se situam naquele ponto de vista genético, "anterior" ao mundo, de onde se vê emergirem o mundo e as significações em estado nascente, e nisso se distinguem ambos do ponto de vista do senso comum, que recebe o mundo já pronto. Mas a diferença de estilo, entre o inconsciente e o consciente, entre o "genial" e o sistemático, não permite que se identifiquem essas duas atividades e suas funções respectivas: "Do ponto de vista transcendental o mundo é feito, do ponto de vista comum ele é dado; do ponto de vista estético ele é dado, mas somente segundo a perspectiva como ele é feito".[34] A afinidade básica entre a *Darstellung* estética e a filosófico-científica — ambas *põem em cena* o movimento mesmo de constituição do mundo dos fenômenos — não compromete a função específica do artista, mediador espontâneo entre o senso comum e a filosofia, coadjuvante na promoção dos fins da razão.

34) Fichte, *Sittenlehre*, SW, IV, 354.

Seria pouco para as pretensões de Schelling contentar-se com essa separação de papéis entre a ciência e a arte. A filosofia está do lado da ciência? Seria ignorar que sua definição como ciência "é meramente sua determinação formal. Ela é ciência, mas de tal espécie, que *no interior* dela verdade, bondade e beleza, e portanto ciência, virtude e arte mesmo se interpenetram; nessa medida, pois, ela também *não é ciência*, mas uma comunhão (*ein Gemeinsames*) de ciência, virtude e arte"; por isso, incomparável com qualquer outra ciência, ela não exige somente inteligência, mas também caráter e senso estético.[35]

35) *Filosofia da arte*, SW, V, 383.

A chamada "filosofia da identidade", de 1801, dá, desse sistema total que abrange em si os dois sistemas da filosofia da natureza e do idealismo, uma primeira *Darstellung* segundo o *more geométrico*, em proposições, escólios e corolários, escolhida por sua concisão e em homenagem a Espinosa.[36] Mas a envergadura do projeto aponta para mais longe, para a lembrança dos primeiros tempos em que poesia e filosofia formavam um só corpo, para os traços que restaram dos grandes poemas didáticos da antiguidade: Parmênides, Empédocles, Lucrécio...

36) SW, IV, 113.

E já no ano seguinte, em suas preleções de filosofia da arte, Schelling acena para a perspectiva futura do "poema didático absoluto" ou "epopéia especulativa", que se tornará possível com o acabamento da ciência — e mesmo inevitável quando esta atingir sua perfeição: "assim como a ciência um dia partiu da poesia, é também sua mais bela e última destinação refluir para aquele oceano",[37] para aquele "universal oceano da poesia" celebrado na última página do *Sistema do idealismo transcendental*; ali a filosofia reencontrará suas origens, graças ao intermediário e ao testemunho da mitologia, que se formou antes de ocorrer a diáspora e fala uma linguagem que não a pressupõe.[38] Está presente aqui a mesma concepção que levará a *Filosofia da mitologia* a rejeitar a explicação da mitologia antiga como produto da influência da poesia e da filosofia pelo que há nela de "poético" e "filosófico": os filósofos que defendem essa interpretação não percebem que esses conteúdos só são poéticos e filosóficos aos olhos modernos, sem perguntar-se "se no tempo do nascimento da mitologia podiam existir

37) *Filosofia da arte*, SW, V, 667.

38) SW, III, 629.

poesia e *filosofia* como tais, isto é, em sua oposição formal" ou se, pelo contrário, a mitologia mesma não é o "centro comum" do qual ambas partem em direções diferentes.[39]

Reencontrar-se com a poesia e, com ela, formar um novo *corpus* mitológico: nesse reencontro, depois de tão longa ausência, essas duas amigas apresentariam uma à outra o *símbolo* como senha de reconhecimento. Seja qual for o autor — Hegel, Hölderlin ou o próprio Schelling — do texto conhecido como "o mais antigo programa sistemático do idealismo alemão", Schelling é sem dúvida, nesse passo, o mais fiel à sua letra — pois já em sua data, provável, de 1796 ou 1797, o texto propunha aquela "idéia que, ao que sei, ainda não ocorreu a nenhum espírito humano" e a proclamava, em tom de manifesto: "temos de ter uma nova mitologia, mas essa mitologia tem de estar a serviço das Idéias, tem de se tornar uma mitologia da *Razão*".

* * *

Um dia filosofia e poesia "se estenderão as mãos", a filosofia se tornará mitológica, "para tornar sensíveis os filósofos", e a mitologia, filosófica, "para tornar o povo racional"; eis o prognóstico de que se alimenta aquela aspiração messiânica que se exprime no "mais antigo programa sistemático": — "Será preciso que um espírito superior, enviado dos céus, funde entre nós essa nova religião; ela será a última obra, a obra máxima da humanidade".

Que esse "espírito superior" não precisa ser entendido como um gênio individual, mas poderia ser o *espírito do tempo*, trabalhando na obra coletiva de toda uma geração, é o que Schelling indica, com precisão, ao falar da época moderna como um tempo em que "o mundo ideal move-se poderosamente para a luz". E, no apêndice à Introdução das *Idéias para uma filosofia da natureza*, incorporado ao livro na edição de 1803, o que merece destaque, nesse sentido, é a contribuição decisiva do idealismo transcendental — do movimento de idéias liderado por Fichte — para *precipitar* os acontecimentos (também no sentido químico da palavra) em direção a esse rumo de civilização. Será preciso que o ponto de vista transcendental

39) *Filosofia da mitologia*, I, 49.

se imponha, que se torne comum essa perspectiva genética que vê o mundo como é "feito" — em sua gênese originária — e que, ao fazê-lo, esvazia de consistência o mundo dos fenômenos, tal como é "dado" ao senso comum. Mas, com isso, o *senso comum* perderá, justamente, aquilo que o torna *comum*; na falta do mundo real, finito, dos fenômenos, despojado agora de sua condição de comunidade intuitiva em que todos se reconhecem e comunicam, a humanidade não terá mais nenhum lugar-comum a partir do qual possa falar para entender-se, os homens não contarão com mais nada que os *religue*. Mas é essa perda mesma que limpa o terreno para uma nova *objetividade* futura, para uma nova *religião*, e ao mesmo tempo a solicita. Pois, uma vez demolida pela ciência filosófica a crença dogmática na objetividade do finito, não se poderá mais contar com esse lugar-comum para unificar a humanidade; e então "somente a intuição da identidade absoluta na mais completa totalidade objetiva poderá, de novo e na última configuração da religião, unificá-los para sempre".[40]

40) Idem, SW, II, 73.

Mas o problema, em si mesmo, da constituição dessa nova *Darstellung* mitológica e simbólica, por sua própria envergadura, fica em aberto, como naquela última página do *Sistema do idealismo transcendental*, em suas últimas linhas: — "Como, porém, possa nascer uma nova mitologia, que não pode ser invenção do poeta individual, mas de uma nova geração como que representando um único poeta, este é um problema cuja solução só é possível esperar dos destinos futuros do mundo e do curso da história".

Só o que é possível indicar, de antemão, é o papel que a filosofia da natureza — o outro lado da filosofia — tem por função desempenhar, na preparação da *entrada em cena* dessa nova mitologia: — "As divindades ainda desconhecidas, que o mundo ideal prepara, não podem entrar em cena (*hervortreten*) como tais antes de poderem tomar posse da natureza".[41] Disso Schelling pode gabar-se: de ter sido o criador da *Naturphilosophie*, o sistema que, "a partir do princípio idealista", tirou a natureza do ocultamento em que, pela força mesma desse princípio tipicamente *moderno*, ela "se retirou como mistério" — e de ter, graças a isso, trabalhado no sentido de criar condições para que a modernidade possa,

41) Idem, ibidem.

afinal, "implantar na natureza suas divindades idealistas". Sim, a filosofia da natureza é "o primeiro e longínquo esboço (*Anlage*) desse futuro simbolismo e daquela mitologia que um dia, não um indivíduo, mas o tempo em sua totalidade terá criado".[42]

Sim, mas essa epopéia especulativa terá de esperar ainda pelo seu Homero — pelo seu *homeros* (de *homos*, o mesmo, e *aroo*, lavrar, cultivar), isto é, "no sentido literal, o unificador, a identidade",[43] o indivíduo universal que saberá compor, com os símbolos que a física especulativa "já tem de prontidão", a união da natureza e da história,[44] o codificador, que "na arte antiga foi o primeiro" mas que, pela força mesma do "curso da história", "na arte moderna será o último e levará à perfeição sua destinação suprema".[45] Leia-se, para medir o alcance e a persistência dessa perspectiva, o aforismo 28 dos *Aphorismen* de 1806, onde se trata, mais uma vez, de situar a filosofia da natureza e de indicar o porte do sistema que a contém: — "Se quero uma escola? — Sim, mas assim como havia escolas poéticas. Desse modo, poderão aqueles que têm inspiração no mesmo sentido continuar a compor (*fortdichten*) nesse poema eterno. Dai-me alguns da mesma espécie, como já os encontrei, e cuidai que no futuro também não faltem inspirados, e eu vos prometo, um dia ainda, o *Homeros* (o princípio unificador) também para a ciência".

Esse projeto — ou pretensão, utopia ou delírio, como se queira — é a conseqüência incontornável da radicalidade com que é tomada a concepção do simbólico, como coroamento dos esforços complementares da via esquematizante do realismo e da via alegorizante do idealismo.

Uma *exhibitio* absoluta terá de ser real-ideal em si mesma, e portanto mitológica, e portanto científica e popular no mesmo ato, capaz de ser *narrada* como *mythos* e diretamente compreendida. Desse desejo de encontrar uma forma de exposição indissoluvelmente lógica e mítica para a especulação, Schelling fala, com fervor, nas cartas escritas ao editor Cotta durante os longos anos que dedicou à composição da obra-prima constantemente recomeçada, *As idades do mundo*, esse livro projetado para ser, por isso

42) *Filosofia da arte*, SW, V, 449.

43) Idem, V, 457.

44) Idem, V, 449.

45) Idem, V, 685.

mesmo, "um clássico para (seu) modo de pensar". Nele, escreve Schelling a Cotta (agosto de 1814), "está contido não somente um sistema metafísico completo, mas também um completo sistema religioso, (nele) todas as perspectivas são levadas até um ponto, em que têm necessariamente de encadear-se na vida", pois ele se propõe a cumprir a missão de "toda filosofia que não quer passar sem efeito pelo mundo e pela humanidade": transfigurar-se, depois de "superada a dificuldade científica", em um discurso "inteligível a todos os homens" — ou, como diz o Prefácio do fragmento do livro que se conservou nas *Obras Completas*, preparar o caminho para aquela "futura *Darstellung* objetiva da ciência", para o "maior dos poemas heróicos", que será cantado um dia, quando seu tempo chegar.[46]

46) SW, VIII, 206.

Mas talvez a agudeza desse problema de *Darstellung* tenha parte com o destino dessa obra, que Schelling, afinal, deixou inacabada, depois de ter-lhe consagrado o esforço ininterrupto de todo aquele período de sua produção filosófica que os comentadores vieram a designar como o seu "grande silêncio" (o período de 1806 a 1827, em que escassearam até à míngua suas publicações, até então abundantes). E quis o "curso da história" que todos os manuscritos, esboços e fragmentos que restaram desse livro, armazenados na Biblioteca da Universidade de München, fossem destruídos por um bombardeio da Segunda Guerra, no ano de 1944.

* * *

47) *Filosofia da arte*, SW, V, 449.

O vínculo interno entre filosofia e mitologia — o sentido de se "buscar na física especulativa superior a possibilidade de uma mitologia e simbólica futuras"[47] — é explicado na *Filosofia da arte* à luz da oposição entre *natureza* e *história*, que fundamenta a comparação entre a antigüidade e a modernidade.

Já que o princípio dominante da arte moderna é a *originalidade*, e não a *exemplaridade*, como o era o da arte antiga, produto de uma civilização em que a espécie aparece como um indivíduo (§ 58), é possível que um artista moderno, a partir de sua individualidade *sui generis*, utilize a matéria da física especulativa para compor sua "mitologia" individual. Isso é perfeitamente legítimo, e ele poderia fazê-lo com qualquer outra matéria que lhe fosse oferecida por seu tempo: "como nos falta uma mitologia universal, cada artista pode criar para si uma mitologia especial, a partir da matéria (*Stoff*) existente no tempo".[48]

Mas não se pode atribuir a essas mitologias especiais a universalidade e a necessidade que a mitologia antiga alcança nos poemas homéricos, em que as "divindades naturais" dos gregos adquiriram independência poética, desvinculando-se de sua origem e passando à dimensão histórica. Essa independência poética, as "divindades ideais" dos modernos — as nossas divindades "históricas" — só poderão vir a adquiri-la quando, inversamente, alcançarem dimensão natural, quando "tiverem tomado posse da natureza". E é nessa direção, justamente, que a *Naturphilosophie* trabalha a seu favor.[49]

Por isso, quando se põe a questão de dar à filosofia da natureza uma *mise en scène* mitológica, não se trata de compor um poema épico, inventando figuras que lhe dessem realidade plástica. Na medida em que esse sistema pode ser simbolizado em figuras, essas figuras já existem, essa mitologia já está pronta: — "Se se tratasse simplesmente de simbolizar Idéias da filosofia ou física superior através de figuras mitológicas, estas se encontram todas, já, na mitologia grega, a tal ponto que posso comprometer-me a expor (*darstellen*) a filosofia da natureza, inteira, em símbolos da mitologia".[50] Com efeito, a noção de *exposição*, tomada no rigor de suas implicações, é mais exigente do que se supõe, quando se pensa na obra individual e na invenção deliberada. A radicalidade da imaginação, que está em obra aqui, não pode ser tomada na subjetividade de uma função psicológica: ela tem o mesmo alcance — e a mesma função — que na distinção fichtiana entre o espírito e a letra.

A mitologia privada que fosse inventada por um indivíduo para dar corpo às idéias filosóficas seria tão fantástica — um redobro tão inútil da mitologia real — quanto a noção de "alma", tal como é explicada pelo anticartesianismo de Fichte. A *alma*, explica Fichte, a "separação do indivíduo em corpo e alma e sua composição a partir dessas duas peças",

48) SW, V, 562.

49) Idem, V, 448-449.

50) Idem, V, 446-447.

tal como nos é imposta pela tradição, é uma ilusão da metafísica dogmática, facilmente explicável, uma disfunção da operação de *Darstellung* que compete à imaginação produtiva. E aos filósofos dogmáticos, prisioneiros dessa "má ficção", enredados na vã procura por uma "alma", cabe ao filósofo transcendental explicar, minuciosamente, pacientemente: — "O eu é em si princípio, e como tal totalmente não-sensível e supra-sensível. Como imagem (*Bild*) desse eu é instituída, forçosamente, pela imaginação (*Einbildungskraft*) criadora, porque não há nenhuma outra faculdade de figuração (*Bildungskraft*), uma alma, e esta, já que a forma de intuição da imaginação produtiva é a extensão, resulta necessariamente, seja qual for a posição que se tome, extensa. Com isso (o filósofo) assume um encargo muito supérfluo, que sobrecarrega o pensamento originário com um apêndice muito inútil".[51]

51) Fichte, *Tatsachen des Bewusstseins*, SW, II, 611-12.

Mas, em lugar desse redobro vão, produzido no afã de *pôr em cena* o supra-sensível, a originalidade da imaginação já forneceu a *Darstellung* perfeita em que o "eu" se *corporifica*. Basta saber reconhecê-la: — "Ao eu como puro *noumenon* não deve ser dada nenhuma imagem; perceptível ele mesmo se faz, por suas manifestações na intuição interna. Na medida em que deve ser figurado (*gebildet*), já está figurado, sem nenhuma ajuda de nossa sabedoria, pela própria faculdade de figuração (*Bildungskraft*) absolutamente produtiva; e essa imagem é justamente o corpo. *Este* é a alma que vocês procuram, enquanto a tem o tempo todo, isto é, o eu na intuição".[52] Este é o verdadeiro produto da imaginação originária, que seria melhor chamar de *Bildungskraft* (força plasmadora), em lugar de *Einbildungskraft* (imaginação), nome que sempre evoca uma função meramente psicológica. Do mesmo modo, no corpo da mitologia existente, e não em seu redobro artificial, a humanidade já tem, o tempo todo, a exibição simbólica da filosofia da natureza — não é preciso procurá-la. E o sistema completo da especulação não precisa da bela alma de um artista moderno que se empenhe, individualmente, na criação de seu corpo mitológico — basta esperar por seu advento, no tempo certo.

52) Idem, ibidem.

Dessa perspectiva, o exercício de hermenêutica que Schelling propõe — transpor a filosofia para os símbolos da mitologia e, desse modo, explicar pelas idéias filosóficas as formas mitológicas — seria um exercício ocioso, e até nocivo, pois, como ele diz, "seria, mais uma vez, apenas *uso*". Seria, com efeito, *alegorizar* novamente a mitologia, despojá-la de sua independência simbólica e, mais uma vez, fazê-la *significar* — ainda que sejam, desta vez, *Idéias*. Nem mesmo a explicação "filosófica" da mitologia seria verdadeiramente filosófica; perdendo de vista a autonomia poética da mitologia, Schelling iria simplesmente juntar-se a Heyne. "A mitologia é a poesia absoluta, como que a poesia em massa";[53] e a filosofia capaz de dar conta dela tem de desistir de truncá-la em nome de qualquer "significação" que seja, tem de ampliar sua perspectiva para além de toda *explicação*.

Aqui, como em todos os casos, o método genuinamente filosófico é aquele que não faz caso de *explicar* — mais que isso, aquele que deixa totalmente de lado a *explicação*, para substituí-la inteiramente pela *construção*: — "A ciência não explica; sem se preocupar em saber quais objetos provirão de seu agir puramente científico, ela constrói; só que, justamente nesse procedimento, ela será surpreendida, no fim, com a perfeita e completa totalidade; os objetos, pela construção mesma, vão se colocando em seu verdadeiro lugar, e esse lugar, que eles adquirem na construção, é sua única explicação verdadeira e correta".[54] Pois a relação entre duas totalidades simbólicas independentes, e completas em si mesmas, tais como o sistema da filosofia e a *cena* da mitologia, não pode ser de subordinação, mas de paralelismo. A *Darstellung* perfeita não pode ser tomada como mera representação (*Vorstellung*) do supra-sensível no sensível: tem de ser considerada de um ponto de vista propriamente *especulativo* — e conhecida então como espelhamento dos dois, entre o real e o ideal.

Eis aí a linha de continuidade que conduz, muitos anos depois, ao projeto de uma *Filosofia da mitologia* que, dispondo-se a "desenvolver-se em e com o objeto mesmo", não perguntará mais como deve ser tomado o objeto para acomodar-se à filosofia que temos, mas, pelo contrário, "até

53) *Filosofia da Arte*, SW, V, 406.

54) SW, V, 418.

55) *Filosofia da mitologia*, II, 137.

56) Idem, II, 179.

onde devem ampliar-se *nossos* pensamentos" para estar *à altura* do fenômeno mitológico.[55] Somente com esse método, que *faz justiça* à integridade do objeto, que não o mutila para subordiná-lo à significação, que não faz a mitologia falar *de outra coisa*, o filósofo alcançará o ponto de vista a partir do qual a mitologia se tornará, enfim, verdadeiramente inteligível. Terá *dado a palavra* à mitologia e, como recompensa, poderá ouvi-la falar *de si mesma*: — "No ponto de vista a partir do qual consideramos agora a mitologia, não fomos *nós* que colocamos a mitologia, foi a mitologia que *nos* colocou. De agora em diante, pois, o conteúdo desta exposição não é a mitologia explicada por nós, mas a mitologia *explicando a si mesma*. Nessa auto-explicação da mitologia, nem mesmo seremos obrigados a evitar as expressões da própria mitologia, deixá-la-emos, em grande parte, falar sua própria linguagem, depois que ela se tornou inteligível para nós, através do ponto de vista agora alcançado. As expressões da mitologia, dizem, são figuradas. Isso, de certo modo, é verdade, mas para a consciência mitológica não são impróprias, como a maioria de nossas expressões também figuradas são impróprias para a consciência científica. Assim, ao colocarmos essas expressões — próprias à mitologia — naquele ponto de nosso desenvolvimento em que, por força do contexto, *têm* de ser inteligíveis, conseguimos que, não nós expliquemos a mitologia, mas ela explique a si mesma, e que não tenhamos necessidade de buscar, para as representações mitológicas, um sentido impróprio (*sensum improprium*) e de entendê-las alegoricamente".[56]

* * *

Já se observou que no contexto da *Filosofia da mitologia* o conceito de *símbolo* não tem mais a profundidade que lhe é atribuída na *Filosofia da arte*, não coincide mais com a envergadura da *exhibitio* absoluta. E, de fato, a independência das figuras dos deuses, em sua *propriedade*, é repetidamente afirmada — contra as interpretações do tipo "Apolo é o símbolo do Sol" — com base no argumento de que essas figuras *não são simbólicas*.

Perséfone, por exemplo, é a consciência natural que, como a semente, tem de morrer para renascer como consciência livre e espiritual. Mas esse símile da semente, herdado pelo apóstolo Paulo e reiterado no Evangelho, não deve levar a explicar a origem da deusa dos gregos como um símbolo da semeadura. O visível pode ser lido como símbolo do invisível; isso é natural. Mas não vice-versa: "o sensível pode tornar-se símbolo do não-sensível, Sol e Lua, por exemplo, símbolo de Apolo e de Artêmis, ou do princípio da geração e da concepção em geral, e, no caso presente, a semente símbolo de Perséfone; mas que, ao inverso, o alto e espiritual possam tornar-se símbolo do inferior, sensível, é totalmente contrário ao conceito original e também, em particular, totalmente contrário à natureza helênica".[57] Com efeito, seja qual for a natureza do símbolo, Schelling tem razão em acentuar isto: a operação simbólica é um processo de revelação, que torna visível, e não um mecanismo de disfarce ou travestimento. Mas essa significação de mão única, que não deve ser invertida, sob pena de desnaturar o "conceito original" do simbólico, é estritamente o que define, em 1802, o "rigoroso conceito da *alegoria*", forma de *exhibitio* em que "aquilo que é exposto (*dargestellt*) significa algo outro do que si mesmo, indica algo que é diferente dele".[58]

O conceito de símbolo, entretanto, tal como foi estabelecido na época da filosofia da identidade, é suficientemente rigoroso, por sua vez, para dar conta do fenômeno mitológico, mesmo quando tomado com o porte que tem na última filosofia de Schelling. E, de fato, ele se conserva nela, inteiro, com a mesma definição estrutural e, até, com a mesma função: "Os deuses são (na mitologia) seres efetivamente existentes, que não *são* algo e *significam* algo outro, mas significam *somente* aquilo que são".[59]

Só que agora, para designar essa imbricação específica de "sentido próprio" e "sentido doutrinal", impossíveis de dissociar sem ferir a originalidade da significação mitológica, Schelling prefere emprestar do inglês Coleridge — o grande divulgador do pensamento alemão em seu país — a expressão *tautegoria*. Esse neologismo, por sua homologia formal com a palavra *alegoria*, tem a vantagem de indicar que o ex-"simbólico" não se opõe apenas ao alegórico como o ser à

57) *Filosofia da mitologia*, II, 639.

58) *Filosofia da arte*, SW, V, 550.

59) *Filosofia da mitologia*, II, 196.

significação, mas como a reunião de ser e significação, isto é, como afirmação de si mesmo, *ato* de identidade ou, em suma, identidade que se *enuncia* completamente. E não era outro o princípio central do sistema da identidade de 1800, do qual o *símbolo* emprestava sua originalidade: *identidade* significa, precisamente, *auto-afirmação absoluta* — e é desse princípio que a filosofia de Schelling tira toda sua fecundidade.

* * *

Está dito expressamente na *Filosofia da arte* que a gradação das três formas de *exhibitio* — alegoria, esquematismo e simbolismo — corresponde à gradação das três *Potenzen*.[60] Para avaliar o alcance dessa indicação, basta saber que cada *Potenz* é uma das três "unidades" em que se explicita a "unidade absoluta" em sua passagem à "totalidade absoluta", a passagem entre o *En* e o *Pan* — e cada uma delas, por sua vez, é uma totalidade completa em que se reproduz internamente a unitotalidade do *En kai pan*. Pois "Deus ou o Absoluto" só pode ser definido, com rigor, como "a afirmação imediata de si mesmo" (§ 1), portanto como ato de absoluta *reflexão*, em que se distinguem e se afirmam como idênticos o "infinitamente afirmado" (o ser, o real, o objeto), o "infinitamente afirmante" (o saber, o ideal, o sujeito) e a "indiferença de ambos", pela qual o Absoluto não é nenhum dos dois em particular (§ 2). Nessa triplicidade, a filosofia encontra a matriz de seu próprio discurso e o arcabouço em que o universo inteiro se dispõe para ela. Seu ponto de vista é a imparcialidade do *real-idealismo*, ao qual o Ser se revela e se afirma com a mesma dignidade, em sua plena identidade, tanto no realismo da *natura naturata* quanto no idealismo da *natura naturans*.

É quanto basta para indicar que a dialética da identidade, para a qual aponta esse princípio — e cujo operador é o jogo das *Potenzen* —, é por vocação uma dialética do *positivo*, que não se apóia no trabalho da negatividade. Para ela, especulação é espelhamento, e seu movimento próprio consiste em acompanhar na totalidade do Ser a reflexão —

60) *Filosofia da arte*, SW, V, 410.

especular... — da própria identidade absoluta, que nessa plenitude jamais poderia confundir-se com a mera tautologia. E é *dessa* identidade que o símbolo é símbolo.

Ao dizer que no simbólico o universal não *significa* o particular, nem o particular *significa* o universal, mas cada um deles *é* o outro, Schelling está atento, sobretudo, à pregnância desse "é", afirmado *cum emphasi*. Ao longo de toda sua reflexão, ele nunca perdeu de vista a transitividade desse "é", que foi, desde o começo, aquilo que propriamente o fascinou no "eu *é* eu" de Fichte — que apanhava em ato a *identidade* da consciência — e o acompanhou até a "filosofia positiva" dos últimos anos. Confira-se, por exemplo, o texto da *Filosofia da mitologia*: — "O *é*, a cópula em toda proposição, por exemplo, na proposição *A é B*, se é efetivamente significativa, enfática, isto é, se é a cópula de um juízo efetivo, então *A é B* significa o mesmo que *A é o sujeito de B*, isto é, não é ele mesmo e em sua natureza B (nesse caso a proposição seria uma tautologia vazia), mas: A é o que também pode não ser B".[61]

61) *Filosofia da mitologia*, II, 53.

O que dá ao simbólico sua dimensão é, precisamente, a profundidade desse "é", sua própria *significatividade*, que é a mesma da filosofia quando se propõe, sem tautologia, como *doutrina da identidade essencial e interna de todas as coisas e de tudo aquilo que distinguimos*. Nada mais justo, pois, que pretendesse encontrar, para si mesma, uma forma de *Darstellung* cabalmente poética, a filosofia que tem por conteúdo a identidade absoluta do Ser e vê em todas as coisas o fulgor da expressão simbólica — e o termo, aqui, não é gratuito: Schelling emprestará ao expressionismo de Leibniz, mas com maior radicalidade, a noção (e a própria palavra) das *fulgurationes* do infinito nas coisas finitas.

O símbolo, como identidade de ser e significação, *põe em cena* esse "é" ativo, transitivo, o único que é efetivamente afirmado na proposição *A é A*. E é nele, justamente, que está a positividade da identidade como princípio da filosofia: não como mera não-contradição (*tautologia*), mas como absoluta auto-afirmação (*tautegoria*).

* * *

O jogo da imagem (*Bild*), a complexa relação entre o arquétipo (*Urbild*) e o reflexo (*Gegenbild*), tem sempre como nervo mais profundo a operação *produtiva* de formar-em-um (*in-eins-bilden*), pela qual a identidade trabalha a espessura do Ser. E é nessa operação que se inscreve toda *Darstellung* — toda *cena* em que atua a originalidade da imaginação (*Einbildungskraft*). Ao ter olhos para essa dimensão, a filosofia se tornará capaz — somente então — de compreender a arte e o mito.

Mas o próprio simbolismo da linguagem já traz consigo, para quem souber ler com esses olhos, uma pista para isso: — "Em sua notável exatidão, a palavra alemã *Einbildungskraft*" — observa Schelling — "significa propriamente a força (*kraft*) da *formação-em-um* (*Ineinsbildung*; ou *esemplasia*, para usar o neologismo forjado por Coleridge para traduzir esta palavra), sobre a qual repousa de fato toda criação. Ela é a força pela qual um ideal *é* também, ao mesmo tempo, um real, pela qual a alma *é* o corpo, a força da individuação, que é a propriamente criadora".[62]

62) SW, V, 386.

NOVOS ENSAIOS DE FILOSOFIA ILUSTRADA

Dogmatismo e antidogmatismo: Kant na sala de aula

Para Maria Lúcia Mello e Oliveira Cacciola

Kant, embora não tivesse usado a fórmula: *não há objeto sem sujeito*, explica, com a mesma decisão que Berkeley e eu, o mundo exterior, que se apresenta no espaço e no tempo, como mera representação do sujeito que conhece (...) Porém, toda a passagem da página 348-392 (dos Paralogismos da Razão Pura), onde ele expõe seu idealismo resoluto com extrema clareza, foi por ele suprimida na segunda edição e, ao invés disso, introduzida uma grande quantidade de declarações conflitantes. Com isso, o texto da *Crítica da razão pura,* tal como circulou do ano de 1787 até o ano de 1838, tornou-se um texto desfigurado e pervertido e a *Crítica* tem sido um livro que se contradiz a si mesmo e cujo sentido, por isso mesmo, não podia ser totalmente claro e compreensível a ninguém. Os detalhes sobre isso, bem como minhas conjeturas sobre as razões e fraquezas que teriam podido mover Kant no desfiguramento de sua obra imortal, eu as expus numa carta ao professor Rosenkranz (editor das obras completas de Kant.)[1]

1) Arthur Schopenhauer, *Crítica da filosofia kantiana*, Maria Lúcia Cacciola (trad.). São Paulo, Abril Cultural, 1980, Col. Os Pensadores.

Eis aí, como exemplo, um trecho de Schopenhauer que dá bem a medida da opinião de muitos outros intérpretes da melhor qualidade (como Nietzsche, Heidegger, Horkheimer...): Kant, na segunda edição de sua obra, recua da genial radicalidade da primeira *Crítica*, para acomodar de volta a velha coisa em si dos dogmáticos e para poder, com os postulados da razão prática, recuperar "pela porta dos fundos" os velhos preconceitos metafísicos — Deus, mundo em si, alma imortal — que a filosofia crítica parecia ter banido para sempre. O "demole-tudo", como foi chamado por Moses Mendelssohn, regenerou-se, revelando-se um modelo de bom comportamento? Ou o filósofo das luzes enredou-se afinal, apesar do esforço de sua empreitada crítica, nas malhas do obscurantismo ético-religioso? Sabe-se que para Schopenhauer — abstendo-se, neste ponto, da norma que manda "explicar os produtos da razão pura pela mera razão" — a mudança de governo, pela morte de Frederico, o Grande, obrigou o velho e experimentado pensador a fazer essa segunda edição, reformada, da *Crítica da razão pura* (A: 1781; B: 1787), adocicando sua virulência antidogmática.

Há entretanto no Prefácio dessa segunda edição uma passagem — aquela, que contém a célebre fórmula: "Tive de suprimir — ou "suspender"? (*aufheben*) — o saber para obter lugar para a crença" — que parece indicar, ao contrário: da parte de Kant, essa "recaída no dogmatismo" não ocorre nem com disfarce nem a contragosto, mas com intenção declarada — e o interesse pela preservação daqueles valores comanda o próprio projeto da crítica da razão e a conseqüente demolição da metafísica dogmática, esta sim "fonte de incredulidade". Nesse Prefácio, em que as modificações com relação à primeira edição são atribuídas, unicamente, à necessidade de esclarecer pontos obscuros e de encontrar uma exposição mais fiel ao pensamento original, há muitas passagens que podem ser lidas, isto sim, como uma espécie de prospecto promocional da *Crítica*, pondo em destaque as qualidades e a utilidade do produto oferecido ao leitor, mas é justamente aí que haverá lugar para uma reflexão sobre o que está em questão nos comentários aludidos — ou seja, o *efeito* da crítica da razão sobre a cultura.

O trecho que nos interessa (B XXVII: *Nun wollen wir annehmen... a B XXXI: ...allen nachteiligen Einfluss zu benehmen.*) é uma dessas passagens, onde o autor está se incumbindo de mostrar que a *Crítica*, dando a medida de uma futura metafísica científica, permite deixar à posteridade um legado (*Vermächtnis*) que constitui "um presente nada desprezível". Vamos tentar, através de uma análise cuidadosa desse texto, pondo à mostra suas articulações internas e o "movimento" lógico da argumentação, indicar de que maneira esses proclamados "efeitos salutares" da crítica da razão estão, na própria intenção explícita de Kant, visceralmente imbricados com a natureza mesma da empreitada que conduziu à descoberta da filosofia transcendental.

As técnicas da análise estrutural de texto, não obstante o rigor, o academicismo e as "finezas" que se costumam atribuir-lhe, obedecem a normas bastante simples. Toma-se um segmento do autor, seccionado de seu contexto em pontos que indiquem uma articulação aparentemente natural (parágrafo, capítulo, passo da argumentação), e procura-se explicá-lo internamente, isto é, com os próprios recursos que ele oferece. Unicamente esse segmento é colocado em tela: o contexto — assim como o restante da obra — ficam reduzidos, provisoriamente, à simples condição de gramática ou dicionário, a que se pode recorrer quando alguma exigência do texto o solicitar. O texto, nessa sua materialidade, será interrogado *conceitualmente*, e não tematicamente: não se procurará saber *o que* ele diz — muito menos o que o autor *quis* dizer — mas *como* ele funciona; não os conhecimentos ou informações de que ele seria "veículo" — eventualmente, a respeito do "pensamento do autor" — mas *o que acontece* nele. Uma etapa posterior — e bem distinta, que *pressupõe* o término dessa primeira abordagem aparentemente formal — é o comentário, em que então se discutirão as idéias construídas pelo texto que foi analisado e suas implicações mais gerais.

***

A primeira coisa que se nota (*Ce qui frappe d'abord...*), numa primeira abordagem deste texto, é que ele está construído, pelo menos na sua primeira parte, sobre aquele modelo de argumentação classicamente conhecido como apagógico — ou, como também se diz, *per absurdum*. Toma-se como aceite o contrário daquilo que se quer provar e mostra-se o absurdo, a contradição de suas conseqüências: "Admita-se (por hipótese, pois esta é a tradução do substantivo *Annahme*, formado a partir deste verbo *annehmen*) que a nossa distinção não tivesse sido feita. Então..."[2]

Na Quarta Secção do capítulo dedicado à Disciplina da Razão Pura, Kant caracterizou a demonstração apagógica pela contraposição com a "direta ou ostensiva":[3] consiste em "justificar suas afirmações através de refutar o contrário"[4] ou na tentativa de "chegar através da refutação do contrário ao conhecimento da verdade".[5] Mas essa caracterização é feita sempre num contexto negativo: faz parte da disciplina

2) Immanuel Kant, *Kritik der reinen Vernunft*, B XXVII. Não uso as traduções — ambas igualmente sérias — de Rohden/Moosburger e de Santos/Morujão apenas pela comodidade de lidar diretamente com o texto alemão de Kant, que se revela melhor assim a olho nu.

3) KrV, A 789, B 817.

4) KrV, A 792, B 820.

5) KrV, A 793, B 821.

6) KrV, A 789, B 817.
7) KrV, A 792, B 820.
8) KrV, A 793, B 821.

9) KrV, A 790, B 818.

10) KrV, A 789, B 817.

11) KrV, B XXII.

12) B XXII.

da razão pura "que suas demonstrações jamais devem ser apagógicas";[6] no uso transcendental da razão pura "não será permitido justificar...",[7] "não se pode chegar...".[8] É que esse modo de demonstração é "mais um recurso em caso de necessidade (*Nothilfe*) que um procedimento que dá satisfação a todos os propósitos da razão" e tem como única vantagem a de ser mais intuitivo, já que "a contradição traz sempre consigo mais clareza na representação".[9] Não oferecendo, "junto com a convicção da verdade, ao mesmo tempo a penetração nas fontes dela",[10] acaba se tornando o "enganoso prestígio" (*Blendwerk*) que entretém os admiradores da pretensa solidez das raciocinações dogmáticas.

Antes, porém, de acusar um autor de estar usando agora um procedimento que condena, observe-se o contexto em que isso acontece: neste Prefácio, escrito em 1797, seis anos depois da publicação do livro, Kant se propôs a apresentar novamente a obra a um público que a desconhece e, para isso, adotou como método tratar como se fosse mera *hipótese* a "revolução", análoga à de Copérnico, que no corpo do livro é efetivamente — e apoditicamente — desempenhada. Leia-se, nesse sentido, o final da nota sobre Copérnico:[11] "Estabeleço neste Prefácio a conversão (*Umänderung*) do modo de pensar, análoga a essa hipótese (copernicana), e que é exposta na Crítica, também tão-somente como hipótese, se bem que no próprio tratado ela seja demonstrada, a partir do feitio de nossas representações de espaço e tempo e dos conceitos elementares do entendimento, não hipotética, mas sim apoditicamente, apenas para tornar perceptíveis as primeiras tentativas de uma tal conversão, que são sempre hipotéticas."[12] Dentro dos limites dessa opção expositiva, seria lícito, então, tirar proveito, provisoriamente, da qualidade intuitiva daquele segundo tipo de demonstração, de resto inaproveitável no interior da ciência mesma. Reservemos por enquanto esta observação, para retomá-la oportunamente, quando vier de novo ao caso, e passemos ao exame da primeira oração do texto em análise.

A estranheza mais notável, aqui, é que se fala de uma "distinção" ("tornada necessária por nossa Crítica") entre "as coisas" (*Dinge*) e "elas mesmas" (*ebendenselben*, com a escolha do pronome que enfatiza, pela reduplicação — *eben* e *selben*, — o caráter de *identidade*). Pela operação que institui o ponto de vista transcendental, as coisas são distinguidas de *si mesmas*! A palavra alemã que se traduz por "distinção", *Unterscheidung*, é formada de tal maneira que seu equivalente literal daria algo como "interpartição" ou "entre-cisão" — intercala-se, entre as coisas e elas mesmas, uma separação, desloca-se (ou descola-se) sua coincidência consigo mesmas. O operador dessa distinção é a preposição *als*: de um lado as coisas *als* "objetos da experiência", de outro as mesmas *als* "coisas em si mesmas". Essa preposição (em inglês *as*; em latim *qua*; em grego *hè*), inexistente em português, significa "na condição de", "no sentido de", "entendidas como" ou "tomadas como". Por isso leremos mais adiante que a *Crítica* ensinou a tomar os objetos "em dupla significação". Já se vê que o assunto é a distinção que se tornou célebre, convencionalmente formulada: entre "fenômeno" e "coisa em si". Nosso texto indica que essa distinção, ou intercisão, é a problematização de uma identidade, aparentemente pacífica: a das "coisas em geral".

Isso tudo comenta apenas um segmento da primeira oração: a referência à distinção estabelecida pela filosofia crítica. A oração inteira está introduzindo a hipótese de que essa distinção *não tivesse sido feita* — e tirando uma primeira conseqüência disso.

Antes de continuar a leitura nesse sentido, cabe agora um reparo.

A língua alemã culta, especialmente no caso destes primeiros textos filosóficos escritos no idioma e não mais em latim, costuma conservar, ao lado do termo estrangeiro tomado de empréstimo, a expressão vernácula equivalente, de formação purista, tecnicamente designada como: *Lehnübersetzung*. Kant, ingenuamente acusado de "escrever mal", sabe também tirar partido dessa dualidade, a serviço de matizes conceituais.

É o caso, por exemplo, da palavra que se traduz convencionalmente por "fenômeno": Kant introduziu, como neologismo técnico de especialista, o termo grego *Phainomenon* (literalmente: "o aparecível"), para opô-lo a

Noumenon ("o inteligível"), no capítulo final da Analítica Transcendental, que tem essas duas palavras no título; fora disso, no restante do livro, ocorre, esmagadoramente, a castiça palavra *Erscheinung*, substantivo do verbo *erscheinen* (aparecer), pois, de fato, não havia sido conquistado ainda o conceito correlato de *noumenon*; não se sabia ainda que a coisa em si, inacessível ao conhecimento, é *apenas* inteligível. Assim a *Erscheinung*, que é propriamente o aparecimento daquele "aparecível", merece o correto comentário do intérprete e tradutor francês Louis Guillermit: "Seriam necessários, na verdade, três termos para traduzir *Erscheinung*: *fenômeno*, *aparência* e *aparição* (no sentido de aparição de um cometa, e não de: espectro ou visão)."[13]

O mesmo se dá com a palavra *Objekt*, emprestada do latim, e sua tradução teutônica *Gegenstand*, que temos de traduzir, ambas, indiferentemente por "objeto". Kant trata de dar, à primeira, um sentido mais abstrato, quase como se o *Gegenstand* fosse uma espécie do gênero *Objekt*. Outra distinção, fundamental para nós e que desaparece na tradução, é entre *Ding* (coisa, com um primeiro sentido etimológico de "instrumento") e *Sache* (que também se pode traduzir por "causa", "assunto" ou "questão" e entra, justamente, na composição da palavra *Ursache*: "causa", mas também, literalmente, "coisa originária").

Já se verá que não se trata de digressão. Se a distinção crítica não tivesse sido feita, "o princípio de causalidade (*Kausalität*) e, conseqüentemente, o mecanismo natural na determinação das mesmas teria de valer cabalmente a propósito de todas as coisas (*Dingen*) em geral tomadas como causas (*Ursachen*) eficientes." Se estou, com o metafísico, no puro reino das *Sachen*, onde cada causa tem de ser pensada como efeito de uma outra, sou obrigado a regredir na série das *Ursachen*, em busca de uma incondicionada e inatingível *Ur-Sache*, sem jamais encontrar essa Causa Primeira que saciaria minha infinita aspiração. Pior que isso: ainda que conformado à finitude e resignado ao império irrestrito do mecanismo natural, eu não poderia sequer, no interior desses limites, afirmar a liberdade de minha vontade. Seria preciso rivalizar com a causalidade absoluta, e não

13) Louis Guillermit, trad. dos *Progrès de la Métaphysique*, Vrin, p. 123, citado por Gérard Lebrun, "A aporética da coisa em si", in *Sobre Kant*. São Paulo, Iluminuras, 1993, p. 55.

simplesmente obter, para afirmar o livre arbítrio, uma modesta (mas absurda) exceção.

É o assunto do período seguinte, em que justamente a liberdade é escolhida como *exemplo* (*zum Beispiel*) para continuar a argumentação. "A propósito de um e mesmo ser (*ebendemselben*), por exemplo a alma humana..." — tomada então como coisa (*Ding*) em geral, *isto é*, como *Sache* em si mesma — eu não poderia afirmar ao mesmo tempo, sem contradição, a liberdade da sua vontade e sua sujeição à necessidade natural. No entanto, ninguém poderia, "sem prévia crítica", deixar de tomar "a alma", nas duas afirmações que se contradizem, em uma e mesma (*ebenderselben*) significação.[14] Na falta daquela equivocidade interposta pela reflexão crítica entre o mesmo e ele mesmo, a "alma" terá de ser tomada univocamente, isto é — para fazer valer uma expressão cara de Bento Prado Jr.: — sem nenhum "tremor semântico". A escolha, então, será iniludível: determinismo — negação completa da liberdade — ou contradição.

"*Se*, porém, a Crítica não errou" ao ensinar a *equivocar* o objeto, a variar a significação em que se pode tomá-lo (*als Erscheinung, oder als Ding an sich selbst*), se é apenas na primeira dessas duas significações que o *Objekt* será *Gegenstand*, que ele estará propriamente contraposto, anteposto, *perante* (*entgegen*) o sujeito, *então...* Aqui, a própria construção da frase põe à tona a estrutura hipotética, condicional, do argumento: *Se... então* (*Wenn... so*). As condições, essas, serão duas: 1ª a *Crítica da razão* está certa ao introduzir essa dupla significação, minando assim aquela equívoca univocidade do dogmático; 2ª a Dedução das Categorias está correta ao demonstrar que os conceitos puros do entendimento (entre eles, o de causalidade) só se aplicam "às coisas tomadas no primeiro sentido".

* * *

Dos doze conceitos puros do entendimento — as categorias, cuja necessidade e universalidade, resgatadas do ceticismo, se demonstram a partir do fato de serem elas as condições de possibilidade da própria experiência, à custa,

14) Essa expressão "sem prévia crítica" é quase um *slogan*, que comparece sempre como parte integrante da definição, justamente, do *dogmatismo*. Veja-se mais adiante, neste mesmo texto: "o dogmatismo da metafísica, i.e. o preconceito de avançar nela sem crítica da razão pura" (KrV, B XXX); "sem prévia crítica de sua própria capacidade..." (KrV, B XXV); "sem prévio exame da faculdade ou incapacidade..." (KrV, B 7).

entretanto, da indissociável restrição de sua aplicação aos limites da experiência possível (ao sensível, ao fenômeno) — é muito freqüentemente a segunda das três categorias da Relação — "causalidade e dependência (causa e efeito)" — a escolhida por Kant, com predileção, para ilustrar suas referências à Analítica Transcendental e para argumentar a partir dela. Seja como lembrança da "advertência de David Hume", que atacava justamente nesse ponto a aptidão da razão para julgar sinteticamente *a priori* e, ao fazê-lo, "interrompeu o sono dogmático" dele próprio;[15] seja por considerar a questão do vínculo causal necessário como o exemplo mais patente, perante o senso comum, do problema que se coloca com todos os conceitos que envolvem uma síntese *a priori*, é ao conceito da causalidade que Kant remete, habitualmente, para tirar conclusões que se estendem às categorias em geral. Aqui, melhor ainda, é justamente esse o conceito que vem a calhar.

15) *Prolegômenos a toda a metafísica futura*, A 13. Artur Morão (trad.). Lisboa, Edições 70, 1982.

Em relação a uma alma tomada como "coisa em geral" — o que equivale a imaginar dogmaticamente esse "ser" ou "ente" (*Wesen*) como uma dentre as "coisas em si mesmas", — querer dotá-la de uma vontade livre seria tentar abrir, na ordem universal da necessidade (da *não-liberdade*), governada pela lei de causa e efeito, uma injustificada exceção, em detrimento até, no limite, da própria legalidade dessa lei.

Não é possível afirmar então a liberdade da vontade? Sim, e agora sem destituir a lei da causalidade da validade universal e necessária compatível com sua dignidade de conceito puro. Em lugar de infligir a essa lei uma *exceção empírica*, a descoberta de Kant consistirá em dotá-la de uma *limitação transcendental*. Sua validade vai ao infinito, até onde alcance a possibilidade da experiência: assim como o tempo e o espaço, ela é constitutiva, intrinsecamente, dessa possibilidade. O não-sensível, porém, o além-do-sensível (*das Übersinnlich*), as "coisas" que estão para lá da experiência possível, para além da natureza, — *tà metà tà phýsica*! — excluem, por definição, a sua jurisdição. Inaparecíveis, puramente inteligíveis e incognoscíveis, como sujeitá-las às leis que regem a aparição e que o entendimento prescreve aos fenômenos (sem ter de aprender deles)?

Ora, entre esses *Objekten* supra-sensíveis, estão, de acordo com a frase imediatamente anterior ao nosso texto, "esses mesmos objetos (*ebendieselben Gegenstände*, que acabaram de ser referidos como 'meros objetos da experiência') tomados como (*als*) coisas em si mesmas" — que, nessa condição, "se bem que não possamos *conhecê-los*", precisamos "pelo menos poder *pensar*", para evitar o disparate "de que houvesse *aparição* sem algo que nela *aparece*". A esses mesmos objetos, assim, o entendimento não poderá ditar leis. "O princípio de causalidade só se refere a coisas tomadas no primeiro sentido, mas essas mesmas (*ebendieselben*), de acordo com a segunda significação, não lhe estão sujeitas.".[16] Essa segunda significação, esse matiz, esse ligeiro descolamento de si mesmo do Mesmo, irá então designar o mesmo como o inteiramente Outro. O Ser, pura posição? A Existência irredutível?

16) KrV, B XXVII *in fine.*

Duas condições, portanto, que o texto irá resumir, mais adiante, com exatidão, pondo em destaque a estreita conexão entre ambas: "(...) se tem lugar nossa distinção crítica de ambos os modos de representação (o sensível e o intelectual) e a limitação, daí proveniente, dos conceitos puros do entendimento e, conseqüentemente, também dos princípios que deles defluem." Entende-se: a *limitação* desses princípios — no caso, especificamente, da segunda Analogia da Experiência: "Todas as mudanças acontecem segundo a lei da conexão de causa e efeito"[17] — ao modo *sensível* de representação, e sua inaplicabilidade, de direito, ao supra-sensível, às "coisas em si mesmas".

17) KrV, B 232.

Podemos, pois, retomar o *Então* que responde a esse *Se*.

Ei-lo aqui, textual e literalmente: "(...) então essa mesma (*ebendiesselbe*) vontade na aparição (nas ações visíveis) é pensada como (*als*) necessariamente conforme à lei natural e nessa medida *não livre*, e no entanto, por outro lado, como (*als*) pertencente a uma coisa em si, não sujeita àquela, conseqüentemente como *livre*, sem que nisto ocorra uma contradição." A esta última, tomada na segunda significação, pode-se agora aplicar, como uma luva, aquela fórmula: não a podendo *conhecer*, é possível pelo menos *pensá-la*. O não-contraditório é a própria definição do *pensável*. Mas, afinal, o que ganhamos com isso?

* * *

Aparentemente nada, ao que se saiba. Essa "minha alma, considerada por esse segundo lado," é "algo" que não posso conhecer "através de nenhuma razão especulativa (e menos ainda através de observação empírica)": não posso colocar sob esse conceito, para lhe servir de base (*unterlegen*), "nenhuma intuição". Pois, para conhecer a liberdade "como propriedade de um ser ao qual atribuo efeitos no mundo dos sentidos", seria preciso, impossivelmente, conhecer um tal ser "segundo sua existência, e no entanto não no tempo". Ante tal impossibilidade, de que adianta poder *pensar* a liberdade? E, neste ponto, é indispensável assinalar que Kant entende a liberdade *stricto sensu*: iniciativa absoluta, faculdade de dar início a uma série causal inteiramente nova, em frontal ruptura com a segunda Analogia da Experiência.[18] De que vale, nesses temos, a mera *pensabilidade* dela?

A resposta virá logo a seguir, sob a forma de uma nova suposição: "Suponha-se, agora, que a moral pressuponha necessariamente liberdade (no sentido mais rigoroso) como propriedade de nossa vontade, na medida em que aduz princípios práticos, originários, contidos em nossa razão como *dados* dela *a priori*, que, sem pressuposição da liberdade, seriam pura e simplesmente impossíveis." Lembremos apenas, para situar o novo tema, que o imperativo categórico, o mandamento que se exprime na fórmula "Tu deves pura e simplesmente...", só pode ter como destinatário, para fazer sentido, um ser racional dotado de vontade livre. O único interlocutor válido da lei moral, capaz de ouvir sua "voz", é o sujeito que se pressupõe livre, capaz de desprender-se da causalidade das inclinações para atender a esse seu mando incondicional.

Diante dessa pressuposição, "ou seja, a (pressuposição) moral", dois casos seriam possíveis: a) que "a razão especulativa tivesse provado que essa (pressuposição) absolutamente não se deixa pensar"; b) que "a Crítica nos tivesse previamente instruído de nossa inevitável ignorância a respeito das coisas em si mesmas". No primeiro caso, a pressuposição da liberdade pela moral seria tão-simplesmente absurda, derrubada pela pressuposição

18) Basta conferir, quanto a isto, KrV, A 533, B 561: "a faculdade de iniciar *por si* (*von selbst*) um estado, cuja causalidade, portanto, não está, por sua vez, segundo a lei da natureza, sob uma outra causa, a qual a determinasse segundo o tempo."

contrária, do império irrestrito do mecanismo natural; no segundo caso — e esta seria a *utilidade positiva* da crítica da razão pura — se deixaria pelo menos um espaço (para lá do fenômeno, no plano das incognoscíveis coisas em si) onde a pressuposição da liberdade teria pelo menos uma chance de valer. Assim se poderia resumir, brutalmente, a argumentação kantiana. Mas o próprio uso, ao correr do comentário, dessa expressão: "deixar um espaço" — deveria chamar a atenção para uma *tópica* mais refinada, presente no texto, e já anunciada algumas linhas mais acima pela escolha da expressão *statt haben* (literalmente: ter lugar) para referir-se à distinção crítica entre a representação sensível e a representação intelectual.

* * *

Não são necessários maiores refinamentos heideggerianos para observar que "ter lugar" ou "encontrar lugar" (*statthaben, stattfinden*), mesmo no seu primeiro sentido de "ocorrer", envolve já a noção de ter ou encontrar (ocupar) *seu* (próprio) lugar, isto é, de *legitimar-se*; diríamos: ter cabimento. Ou para lembrar que, ao lado da desusada palavra *Statt* (lugar, sítio), que se conserva ainda em derivados como *anstatt* ou *statt* (preposição: em vez de, em lugar de), *zustatten kommen* (vir a calhar, ser útil), *statthaft* (decoroso, válido) etc., a língua alemã tem ainda, no mesmo sentido, estas outras três: *Ort, Platz, Stelle* — das quais a primeira é o étimo da palavra *Erörterung* (comumente traduzida por "discussão"), que é o nome que Kant dá a todo o desenvolvimento que acompanhamos até agora e, de resto, a mesma que dá título às diversas secções da Estética Transcendental, ali traduzida por *expositio*[19] e podendo ser "metafísica" ou "transcendental"; e a segunda, *Platz*, é palavra-chave da frase em que culminará todo esse desenvolvimento: "(...) suprimir o saber para obter *Platz* para a crença". Todas essas indicações deveriam bastar para guiar a leitura no interior de uma tópica muito precisa, que fará corresponder a uma *limitação* (ou "restrição": *Einschränkung*) — ou seja, a limitação da "razão especulativa" — um *ampliamento* (*Erweiterung):* o "ampliamento prático da razão pura".

19) KrV, B 38.

Admitamos então que uma *Erörterung* — que é como Kant define o conjunto de sua argumentação neste texto — consiste no ato de *localizar*, de *colocar* (os conceitos) *em seus devidos lugares*. Se a distinção crítica entre o fenômeno e a coisa em si *não tem cabimento*, se essa inter-partição *não cabe* entre as coisas consideradas em si mesmas e elas mesmas, tais como nos aparecem, então, ao atribuir à alma, tomada em um sentido só, os predicados de livre e de não-livre, eu incorro em uma contradição manifesta. O notável, aqui, é perceber que, a bem do rigor, não precisaríamos, no início de nossa análise, ter ido buscar fora do texto uma definição de argumentação apagógica, de que precisávamos para explicá-lo. Ela está formulada aqui mesmo, com todas as letras, nos termos do nosso problema: aquela pressuposição "cujo contrário não contém contradição nenhuma" tem de *ceder lugar* (*weichen*, *Platz einräumen*) à pressuposição rival, se esta é uma afirmação "cujo contrário contém uma contradição manifesta".[20]

Esse conflito dialético, essa disputa de "espaço vital" entre duas afirmações opostas — eco fiel da Terceira Antinomia — é justamente o que ocorre entre a afirmação da liberdade, exigida pela moral, e a afirmação do mecanismo natural — "tudo no mundo acontece exclusivamente segundo leis da natureza".[21]

Sabe-se que as duas antinomias dinâmicas da Dialética Transcendental (a terceira e a quarta) nascem de uma confusão entre o fenômeno e a existência. Qual é, efetivamente, a diferença entre a fórmula recém-citada, que está no cabeçalho da Antítese da Terceira Antinomia, e o enunciado da segunda Analogia: "Todas as mudanças acontecem segundo a lei da conexão de causa e efeito"? Sem dúvida a mesma que levou Kant, ao propor, no § 17 dos *Prolegômenos*, uma escolha entre duas formulações perfeitamente equivalentes, a rejeitar aquela que se refere à legalidade das *coisas* como objetos da experiência: "tudo o que sabemos por experiência que acontece deve ter uma causa" — e a preferir aquela que se refere à legalidade da própria experiência: "sem a lei de que um acontecimento percebido é sempre referido a algo de antecedente, que ele segue segundo uma regra universal, um juízo de percepção

20) KrV, B XXIX.

21) KrV, A 445, B 473.

nunca pode valer como experiência." Só esta última fórmula evita o "mal-entendido" que me induziria a "imaginar que teria de falar da natureza como uma coisa em si."[22] Esquecer que o princípio de causalidade vale unicamente como condição que torna possível a experiência e estendê-lo a "tudo no mundo": eis aí, justamente, o mecanismo da Ilusão Transcendental, produto desse "imaginar".

A Dialética, como se sabe, é "a lógica da aparência", e a presença, lado a lado, da Tese ("A causalidade segundo leis da natureza não é a única...") e da Antítese, a denuncia. Kant, no próprio texto que estamos analisando, oferecerá mais adiante uma frase lapidar para descrever esse mecanismo: a razão especulativa, na sua pretensão de conhecer o supra-sensível (o além da experiência), "é obrigada a servir-se de princípios tais, que, enquanto, de fato, só alcançam objetos de possível experiência, se mesmo assim são aplicados àquilo que não pode ser um objeto de experiência, efetivamente metamorfoseiam este, o tempo todo, em fenômeno (*Erscheinung*)."[23] Seria preciso reconhecermos aqui o esboçar-se de um primeiro gesto daquilo que a seguir fez época sob o nome de "crítica da reificação"?

Voltando, então, à seqüência do texto. Kant está supondo que a pressuposição do defensor da antítese tivesse mais força que a afirmação da liberdade. A razão especulativa teria conseguido *provar* que a causalidade por liberdade (atribuída a um ser intramundano) é impensável. Não se enredou nas malhas da dialética e foi capaz de tratar, legitimamente, "tudo no mundo" como "coisas em geral", obedientes à lei causal. O contrário de sua hipótese envolve, pois, apagogicamente, uma contradição manifesta. A prova da pressuposição contrária, a afirmação da "liberdade (no sentido mais rigoroso)", como requisito da moralidade, não podendo, por suposto, ser ostensiva, nem sequer pode ser agora apagógica: o contrário dela ("se não é já pressuposta liberdade") não contém contradição nenhuma. Só lhe resta, então, conceder lugar (*einräumen*, derivado de *Raum*, "espaço") para que se instale, imperioso, o "mecanismo natural".

O que faz a *Crítica*, por sua vez, ao colocar às claras o caráter de *pretensão* (*Anmassung*) desse triunfo da razão especulativa?

22) *Prolegômenos*, A 76-77, trad. citada.

23) KrV, B XXX.

Desfaz a contradição. Nossa "inevitável ignorância a respeito das coisas em si mesmas", o inevitável enredar-se da razão pura em contradições dialéticas, tão logo pretenda transgredir os limites da experiência possível, deixa de ser uma perda, recebida como uma triste notícia, para transformar-se numa "boa nova": "como, para a moral, nada mais preciso, a não ser que a liberdade tão-somente não se contradiga e, portanto, pelo menos se deixe pensar, sem ter necessidade de penetrá-la mais além" — e uma vez que a *Crítica* limitou "tudo o que nós podemos teoricamente *conhecer* a meros fenômenos" — então a liberdade "não coloca nenhum obstáculo no caminho do mecanismo natural de uma e mesma (*ebenderselbem*) ação." Desse modo, "a doutrina da moralidade afirma o seu lugar (*Platz*) e a doutrina da natureza também o seu."

Termina aqui o movimento dessa *Erörterung:* recolocados os conceitos em seus devidos lugares, a utilidade, aparentemente apenas negativa, da Crítica da Razão mostra o quanto tem de positivo. E aprendemos mais: a exposição, que agora se completa, a respeito do conceito de liberdade, é oferecida como um *modelo*. Sua eficácia *é tríplice*. Também os outros conceitos vitais para a moral — Deus, a imortalidade — poderiam ser preservados, resgatados do dogmatismo, pelo mesmo procedimento: "Esta mesma exposição (*eben diese Erörterung*) da utilidade positiva de princípios críticos da razão pura deixa-se mostrar a respeito do conceito de *Deus* e da *natureza simples* de nossa *alma*, que eu, porém, a bem da concisão, passo por alto." Não deixaria de ser um interessante exercício escolar aplicar, em classe, esse modelo a esses dois conceitos e experimentar assim uma *Erörterung* — nesse sentido que vimos — dos assuntos, respectivamente, da Quarta e da Segunda das Antinomias kantianas.

Vale a pena, neste ponto, passar a palavra a um convicto continuador de Kant, o jovem Fichte, que num de seus primeiros livros, sobre o conceito da "assim chamada filosofia", escreveu, no ano de 1794: "Colocar (*erörtern*) cientificamente um conceito (...) é como eu chamo, quando se indica seu lugar (*Ort*) no sistema das ciências humanas em geral, isto é, quando se mostra qual é o conceito que determina sua posição (*Stelle*) e qual outro tem a sua determinada por ele."[24] Por isso costuma-se ligar a palavra *erörtern,* como termo técnico, ao latim *determinare,* no sentido lógico, em que *Ort* corresponderia a *terminus* (termo, término, limite).

A operação que vimos acontecer no texto de Kant consiste justamente em mostrar que a demarcação do *território* — a palavra alemã é *Gebiet,* "domínio", mas deve ser sempre entendida com o significado de "jurisdição", "circunscrição" ou "comarca", pois o verbo correspondente é *gebieten,* "ordenar", "comandar" — onde têm validade os conceitos e princípios puros do entendimento (as "leis da natureza") é o avesso do *desimpedimento* de um outro "território" (o além-do-sensível) para a possibilidade de uma outra e incomparável legalidade: a da lei moral. A aparente contradição desaparece quando se descobre que entre ambas não pode haver conflito de jurisdição.

Essa solução é formulada muito plasticamente, no nosso texto, por meio daquele famoso "jogo de palavras intraduzível" entre *annehmen* (admitir como hipótese, acolher, aceitar) e *benehmen* (retirar, tomar, confiscar), que exprime, justamente, o verso e o reverso dessa operação crítica, tornada possível por aquela distinção da "dupla significação". Se tentarmos reproduzir em português, a nível de significante, o efeito da frase, leremos algo como: "Eu não posso, portanto, nem sequer *admitir* Deus, liberdade e imortalidade, em vista do necessário uso prático de minha razão, se ao mesmo tempo não *demito* a razão especulativa de sua pretensão a conhecimentos transcendentes (*Überschwengliche Einsichten*)." Expressa aqui como simultaneidade (*zugleich,* "ao mesmo tempo"), é a complementaridade entre esse *ponere* e esse *tollere* que constitui a lição original da *Crítica,* a reversão pela qual sua utilidade negativa ("suprimir o saber" — bem entendido: lá no supra-sensível) se revela positiva ("obter lugar" — lá, também — "para a crença").

A pretensão do dogmatismo de ampliar o *saber* para além dos limites de sua comarca, de alcançar, *com o saber,* o supra-sensível, consiste então em desnaturar esse supra-sensível, pois para isso ele é forçado a, inevitavelmente, *naturalizá-*

24) J.G. Fichte, *Sobre o conceito da doutrina-da-ciência ou da assim chamada filosofia* §3, SW, I, 55; no volume *Fichte* da Col. Os Pensadores, com o título: *A doutrina-da-ciência de 1794 e outros escritos,* Rubens Rodrigues Torres Filho (trad.). São Paulo, Abril Cultural, 1980.

lo. E se a *Crítica da razão pura*, mal compreendida, poderia, pelo fato de negar a possibilidade do conhecimento de Deus, da imortalidade e do livre arbítrio do homem, estar exposta a acusações de impiedade, seu autor pode agora, vitoriosamente, inverter essa acusação, numa frase tão conclusiva que vai até separada, do restante do parágrafo, por um travessão final: "(...) e o dogmatismo da metafísica, i.e. o preconceito de avançar nela sem crítica da razão pura, é a verdadeira fonte de toda incredulidade conflitante com a moralidade, (incredulidade esta) que é sempre muito dogmática. —"

Negar *nosso* conhecimento do supra-sensível é muito diferente de negar a *existência* dele: é reconhecer, criticamente, que tudo aquilo que podemos conhecer é mera "imagem sensível" — *Erscheinung*, na clássica tradução francesa de Tremesaygues/Pacaud — e, em conseqüência, renunciar à pretensão de reduzir, sacrilegamente, aos *nossos* conceitos, aquilo que efetivamente *é*.

Por isso aquele mesmo Fichte, que se tornou célebre por ter rejeitado como absurda a expressão kantiana "coisa em si" e reabilitado, por sua vez, a proscrita "intuicão intelectual", retomou, numa de suas últimas obras, a *Lógica transcendental* de 1812, aquela questão da *dupla significação*, para consagrá-la como "a raiz e a mais íntima essência do órgão para a filosofia". É a consciência da distinção (*Unterschied*) entre ser e imagem: uma intuicão *toto genere* diferente da consciência do "feitio *qualitativo*" da imagem, ou seja, de seu *conteúdo* — e na qual "não está dado um qualquer feitio, mas o inteiramente outro, o *sentido*, a significação em que se deve tomar (*nehmen*) o feitio; se se deve tomá-lo como (*als*) ser ou como (*als*) imagem." Esse "ter *sentido* para o *sentido*, como pura e simplesmente algo outro do que todo o possível que é *tomado* em um sentido" é, para Fichte, uma *Einsicht* (porém não *überschwengliche*), "sobre a qual repousa tudo", e que não se confunde com algum fantástico *intuitus intelelctualis* de *conteúdos* supra-sensíveis. O criador da doutrina-da-ciência a atribui a Kant, como "a chama incendiante que já cedo o atingiu" e, para documentar sua presença, vai buscá-la no velho livro de 1763, *O único fundamento possível para uma demonstração da existência de Deus*: ali, "Kant diz: o ser não é um feitio, mas somente aquilo do qual são enunciados todos os feitios. Nesta última expressão, sem dúvida, ele imiscuiu de volta uma imagem-de-intuição, um substrato; e esse mau substrato é aquilo por amor do qual sua lição se perdeu."[25] Pois Fichte, cioso da ortodoxia kantiana, continua a temer que, com isso, o ser propriamente dito — a existência em sua irredutibilidade — se preste ainda a ser confundido com uma imaginária e dogmática *coisa em si*, uma fantasmática "coisa" a ré do fenômeno, como uma assombração.

25) *Über das Verhältniss der Logik zur Philosophie, oder transzcendetale Logik*, NW, I, 137-138.

* * *

No restante do parágrafo, terminada aquela operação, triplicemente desdobrável, que abriu espaço para se acomodarem, um por um, os três postulados da razão prática — liberdade, Deus, imortalidade — subtraídos, doravante, à jurisdição da razão especulativa, o autor passará a uma simples enumeração dos benefícios futuros da Crítica da Razão, que fazem dela um valioso legado à posteridade. Isso acontece em um único — e longo parágrafo, sob a forma de três ítens, dos quais os dois primeiros voltam a insistir em sua utilidade *negativa* — e propriamente "crítica" — e o terceiro, apresentado como o mais importante e, curiosamente, ligado aos anteriores pela forma adversativa ("maximamente porém..."), demora-se no comentário dessa sua conversão em *positiva*, pela capacidade de "pôr termo a todas as objeções contra a moralidade e a religião". Terceiro ítem que é o único, aliás, a merecer duas frases finais de explicitação, que serão o fecho do segmento que nos dispusemos a analisar.

Quais são, então, esses três efeitos benéficos que a crítica da razão pretende ter sobre a cultura em geral? O primeiro refere-se ao "cultivo da razão pela marcha segura de uma ciência"; o segundo, à "melhor aplicação do tempo de uma juventude ávida de saber". Nenhum deles, pois, revelando uma qualquer preocupação com a implantação da *verdade* do idealismo. São, sem dúvida, efeitos sobre a vida teórica, mas, de qualquer modo, vantagens decorrentes única e exclusivamente da *demissão* do dogmatismo. Podemos verificar isso pela simples leitura de sua formulação kantiana, que os destaca por contraste com a situação anterior, à qual a *Crítica* pôs termo:

1º (...) quer se olhe meramente para o cultivo da razão pela marcha segura de uma ciência em geral, *em comparação com* o tatear sem fundamento e o leviano vagabundear dela sem crítica...

2º ... ou também para a melhor aplicação de tempo de uma juventude ávida de saber, que, *junto ao habitual dogmatismo*, obtém tão cedo e tanto encorajamento a sofismar (*vernünfteln*) comodamente sobre coisas das quais ela nada entende e nas quais ela, assim como ninguém no mundo, também nunca terá alguma penetração (*nie etwas einsehen wird*), ou até mesmo a partir para a invenção de novos pensamentos e opiniões, e assim negligenciar o aprendizado de ciências solidamente fundamentadas; (...)

Eis aí, pois, o nervo da utilidade negativa da *Crítica*: ter mostrado, definitivamente, que existem "coisas" nas quais "ninguém no mundo" pode penetrar com a visão (*einsehen*) — e banir para sempre a pretensão a essas *Einsichten*, que o dogmatismo costuma encorajar.

A seguir o texto parece tomar fôlego em sua enumeração, para encadear, agora, o terceiro efeito, este sim sobre a vida prática, e de resoluta positividade. Se no início a herança da *Crítica* era qualificada, por *understatement*, de "não desprezível", agora se poderá falar de uma vantagem "inestimável". E será introduzido no texto, sintomaticamente, o único nome de filósofo que nele comparece: o nome de Sócrates. Estará em questão, justamente, a força e a eficácia do "saber do não-saber". Colocado o ponto-e-vírgula, Kant escreverá, então:

3º (...) maximamente, porém, se se leva em consideração a inestimável vantagem de poder colocar um termo, por todo o tempo futuro, a todas as objeções contra a moralidade e a religião, de modo *socrático*, ou seja, através da mais clara demonstração da ignorância do oponente.

Que fazia o lendário Sócrates? Levava o interlocutor, "suposto saber", a contradizer-se, permanentemente, sem lhe oferecer em troca nenhum saber positivo. O que se pretende aqui, aparentemente, é oferecer aos pósteros uma espécie de ciência socrática, instituída e sistematizada, pronta para continuar funcionando pelo futuro todo. Se a *Crítica da razão pura* "teve futuro" — e é esse futuro dela que continuamos a viver até hoje — é para esse futuro que o autor, aqui, está voltando sua atenção. Por quê? Leiamos as duas últimas orações:

> Pois uma qualquer metafísica sempre existiu no mundo e também continuará a existir sim, mas com ela também uma dialética da razão pura, porque lhe é natural, será encontrável dentro dela. É portanto o primeiro e mais importante interesse (*Angelegenheit*) da filosofia retirar-lhe *(zu benehmen)* de uma vez por todas, estancando a fonte dos erros, toda influência perniciosa.

Evita-se que a dialética natural da razão pura continue a exercer sua influência nociva desmascarando claramente essa dialética, que diz respeito, infelizmente, justo aos assuntos do máximo interesse humano. E mostrando que, sobre esses assuntos, "ninguém no mundo" pode ter nenhuma *Einsicht*. Com isso, estariam demolidos "Deus, a liberdade e a imortalidade"? Ou não estariam, pelo contrário, devolvidos a sua plena dignidade, como objetos de postulados práticos incondicionais?

Antes de pensar numa "recaída no dogmatismo", motivada, no velho Kant, por razões extra-filosóficas, é interessante, neste exato contexto, examinar aquela precoce interpretação da *Crítica da razão pura* engenhada pelo jovem Schelling num de seus primeiros livros, as *Cartas sobre o dogmatismo e o criticismo* de 1795.

Ali, embora se trate de um manifesto tomando partido, resolutamente, pelo "sistema do criticismo" (ou idealismo, com a afirmação da anterioridade absoluta do sujeito com relação ao objeto) e contra os "grilhões" do "dogmatismo" (ou realismo, com a absoluta afirmação simétrica da anterioridade do objeto), Schelling aponta para a igual possibilidade, simétrica e antinômica, desses dois "sistemas", inscrita na própria razão e teoricamente indecidível. Por isso é importante não confundir a *Crítica da razão pura*, que demonstrou definitivamente isso, com o *sistema criticista* ou "idealismo", que ela apenas tornou possível para o futuro. Ter mostrado que o antagonismo entre esses dois sistemas só é decidível pela razão prática, através de postulados indemonstráveis, não é decidi-lo a favor de nenhum dos dois lados. É apenas indicar em que campo e com que armas o combate deve ser legitimamente travado. Mais que isso, é fornecer, *a ambos os oponentes*, e também, portanto, ao novo dogmatismo *com* "prévia Crítica" idealizado por Schelling, o "método dos postulados práticos" como comum arsenal. Por isso, quanto à questão histórica, bem diferente (e filosoficamente indiferente), de qual dos dois partidos Kant teria, pessoalmente, tomado, Schelling poderá, então, tranqüilamente escrever:

> A *Crítica*, que estabeleceu aquele método dos postulados práticos para dois sistemas inteiramente opostos, impossivelmente podia ir além do mero método, impossivelmente podia, já que devia ser suficiente para todos os sistemas, determinar o espírito *próprio* desse método no sistema *individualmente* tomado. Precisava, para manter aquele método em sua universalidade, mantê-lo ao mesmo tempo naquela indeterminação que não excluía nenhum de ambos os sistemas. Até, conforme ao espírito de sua época, ele tinha de ser aplicado, pelo próprio Kant, antes ao sistema do dogmatismo *novamente fundamentado*, que ao sistema do criticismo, fundamentado por ele *pela primeira vez*.[26]

26) F.W.J. von Schelling, *Cartas filosóficas sobre o dogmatismo e o criticismo*, SW, I, 303-304. Rubens Rodrigues Torres Filho (trad.). São Paulo, Abril Cultural, 1973, Col. Os Pensadores.

Este é, em linhas gerais, o esquema de uma aula que, perante uma classe pouco numerosa de História da Filosofia Moderna III, visava introduzir o tema do curso. A maneira sintética que foi obrigado a adotar, pela circunstância, para essa finalidade, levou o professor à ilusão de que isso poderia interessar a mais gente e, imitando o gesto de Antonio Candido, a dar uma forma escrita ao conteúdo da preleção, que pretendia tão-somente estabelecer alguns poucos pontos — de resto, bastante pacíficos — de um momento decisivo no desenvolvimento do pensamento ocidental. A preparação desta aula foi grandemente facilitada pela leitura de alguns ensaios de Gérard Lebrun, agora reunidos em livro com o título *Sobre Kant*.[27]

(Universidade de São Paulo, no 2º centenário da 2. ed. da *Crítica da razão pura, hin und wieder verbesserte.*)

26) G. Lebrun. *Sobre Kant*. 2. ed. São Paulo, Iluminuras, 1993, Col. Biblioteca Pólen,

Por que estudamos?

Estudar: esse costume, essa prática, esse vício. Por que afinal temos de sentir-nos atraídos por isso, que parece ser uma espécie de procura, uma busca, uma *quête*? Que tipo de imagem governa esse ato? O modelo de um escavar? Desenterrar? Ou então: perseguir? Seguir rastros? Ou: "juntar coisa com coisa"? "Ligar os fatos"? Conseqüentemente, montar um quebra-cabeças, encaixar peças?

Vários tipos de ocupação, entretenimentos variados. Charadas. Passatempos. Jogos de concentração para distrair. Introduzir um sentido no aleatório ou então supor que esse sentido já está lá posto, oculto, e que então alguém o introduziu ali. Esconder algo para que alguém o busque. Esconde-esconde. A verdade que se esconde, o afeto que se encerra ("se esconde" no sentido de "está contido"). Reservas de significação. O que "nos reserva" um texto.

Uma mitologia branca (Derrida) em todas essas imagens, analogias. Orientar-nos por um desses modelos, seguir um desses esquemas como se fosse um mapa. Proceder segundo um imaginário escolhido, determinante e arbitrário. Também uma espécie de cálculo com signos, na relação com o texto (chamar isso de "método", *metà hodós*?)

Por exemplo, os pares de conceitos, entredefinindo-se por oposição dois a dois: "mecânico" versus "dinâmico". As substituições permitidas, por equação. Permutações. Jogos lógicos. "Lógica" versus "metafísica". Notar que o sentido imediato não é tranqüilo, alçapões de sentido. Mesmo para uma relação descritiva. Um texto é "ação comunicativa" (Habermas)?

As contaminações, o hábito de referir um determinado signo a um contexto específico e ver nesse signo sempre as marcas desse mesmo contexto. O "realismo" da querela dos universais: na Idade Média era o contrário de... "nominalismo".

Quanto mais profundamente se medita, acreditando mergulhar numa profundeza ideal, mais se perde pé nessa superfície trabalhada por "efeitos de sentido" — a palavra na página, a agilidade desses deslizamentos — mas então será sempre com os poderes do imaginário que essas forças todas estarão jogando? Surge então uma necessidade, não só de pensar — "energia" mental idealista — mas de escrever: pensar com a ponta da caneta, diretamente no papel, sucessão de minúsculos atinhos, retas, curvas, pingos, nas fibras materialistas que sustentam uma a uma esse mover-se, o querer real. Caberia, teria cabimento? Atos de percepção, qualidade perceptiva. Pergunta: — Que sentido tal palavra "pode" ter nesse texto?

Psicologia de um intérprete que se pretendesse "fiel": — Minhas articulações tornaram o texto de Novalis (fragmental) coerente? Ou sua coerência possibilitou a articulação? Esta segunda opinião, objetivista, realista, é sem dúvida a mais atraente, faz de mim um observador atento, mas neutro, e garante a firmeza de minhas afirmações: eu não tinha escolha, afinal, já que objetivamente é assim. Nem é meu ponto de vista, sempre sujeito à revisão, nem mesmo é uma tese que pretendesse demonstrar, meus enunciados a serviço dessa "causa", subordinados a esse desejo. Entendam, pois, meus proferimentos como obedientes ao feitio do seu próprio objeto, curvados ao capricho dele, que é anterior a mim e verdadeiro até na minha ausência. Digo que é assim porque assim é. Detestaria que fosse porque o digo, pois não quero comandar. Fazer minha vontade, no caso, seria o modo mais seguro de contrariar-me.

Uma interpelação do texto ao leitor. O texto em seu leito, deitado. Atividade só por parte do outro, que lhe põe o olho em cima e vai dotando de sentido aquelas combinações de letras (ao todo 24 sinais, separados por espaços), pressupondo apenas a condição de que esses sinais já lhe sejam conhecidos: a alfabetização. Em situações de fala, aparentemente, cabe passividade ao ouvinte, que no entanto tem a mesma função que o leitor: na qualidade de destinatário, receptivo.

Como pode o texto, o fraco, desprovido de entonação, gesticulação, presença, deixar de desenvolver as virtudes reativas descritas por Nietzsche? Chamar sem voz? Ganhar no berro, em silêncio? Paraplégico, imóvel, depende das virtudes cristãs do outro, daquele que se define pelo ato mesmo de atender-lhe, que se chama leitor por ser quem lê. O sinal "atrai" a vista, "prende" o olhar. Mas por que meios, se ele é sinal, inerte?

O leitor talvez acredite estar com ele na mesma relação de neutralidade — de observação — em que se põe perante os fatos da natureza. Julga-o passivo, disponível a seu dispor, e por sua vez dispõe-se a obedecer-lhe. Perseguidor, converteu-se em seguidor. *Trompe-l'oeil? Image mise en abîme?* "Isso" de ler e escrever.

Novalis, que foi historicamente aquele "leitor ativo" solicitado por Fichte, identificou no texto da *Wissenschaftslehre* uma operação que ele batizou de *innere Wunder* ("milagre interno") e descreveu-a assim: — "Fichte, com palavras escritas, com fórmulas, com combinações, opera milagres internos." — Será que o romantismo há de retornar sempre?

Produção extrateórica da síntese

Na terceira de suas *Cartas filosóficas sobre o dogmatismo e o criticismo* (1795) — que contêm uma interpretação precoce e penetrante da filosofia crítica de Kant — Schelling propõe uma tradução, à primeira vista surpreendente, da famosa pergunta: — *Como são possíveis os juízos sintéticos a priori?* Formula-a já, de resto, com relativa liberdade, escrevendo:

> Como chegamos em geral a julgar sinteticamente pergunta Kant logo no início de sua obra, e essa pergunta está no fundamento de sua filosofia inteira, como um problema que tange ao ponto propriamente comum a toda filosofia.[1]

1) Friedrich W.J. von Schelling. *Sämtliche Werke*, 1856-61. SW, I, 294.

"Toda filosofia", aqui, tem o sentido de: a filosofia, qualquer que ela seja, independentemente de sua opção por um não-eu absoluto (dogmatismo) ou por um eu absoluto (criticismo) como princípio e ponto de partida. Quer seja o não-eu ou o eu o objeto de uma escolha absoluta — e a qualquer desses dois pólos se atribua uma positividade plena (uma *existência originária*) —, os antagonistas irão encontrar-se em um ponto comum: o problema da *síntese*.

E a continuação daquele parágrafo das *Cartas*, onde Schelling opera a transposição que nos ocupa, explicita essa questão crucial da seguinte maneira: "Pois a pergunta [kantiana], expressa de outro modo, diz o seguinte [*lautet so*]: *Como chego em geral a sair do absoluto e ir a um outro oposto?*" Ora, para que a pergunta, *anders ausgedrückt*, "outramente expressa", transposta para a linguagem do argumento das *Cartas*, possa "soar assim", é preciso que fiquem explícitas as regras de transformação que operaram sobre seu enunciado — e, com elas, o modo específico de inserção do jovem Schelling no pós-kantismo.

Em primeiro lugar, convém destacar o caráter diretamente *agonístico* do contexto que torna possível essa leitura da pergunta clássica de Kant. Para "aplainar a controvérsia dos filósofos", lemos um pouco mais acima, na mesma página, a crítica da razão é obrigada a partir daquele "ponto, de que parte a controvérsia da própria filosofia ou, o que é o mesmo, do conflito *originário* [presente] no espírito humano". O *Streit*, que eu traduzi por "controvérsia" (e o próprio Schelling, no prefácio, qualifica seu escrito de "polêmico"), essa lide, esse litígio, tem sua origem num *Widerstreit*, que traduzi por "conflito": num ant'agonismo do próprio espírito (humano, finito). Para confirmá-lo, basta voltar ao escrito anterior de Schelling, *Sobre o eu como princípio da filosofia*, onde se encontra, na Observação do parágrafo 5, uma primeira versão desse mesmo argumento, com o seguinte teor:

> Também o autor da *Crítica da razão pura*, em seu propósito de aplainar finalmente, não só a controvérsia dos filósofos, mas até mesmo a da própria filosofia, não soube fazer nada mais cedo que determinar o autêntico ponto polêmico [*Streitpunkt*, que corresponde ao que Foucault mais tarde, em *Les Mots et les Choses*, iria chamar de "point d'hérésie"] que está em seu fundamento, em uma pergunta omniabrangente, que ele exprimiu assim: como são possíveis juízos sintéticos *a priori*? Mostrar-se-á no decorrer desta investigação que essa pergunta, representada em sua mais alta abstração, não é outra senão esta: *como chega o eu absoluto a sair de si mesmo e opor a si um não-eu?*

Formulação intermediária, como se vê, a meio caminho entre a fórmula original de Kant e sua edição final no idioma schellinguiano, que diz: — Como chego em geral a sair do absoluto e ir a um oposto? O percurso para chegar a ela é o desenvolvimento das análises do escrito *Sobre o eu*.

A questão que move esse ensaio (*Vom Ich*), subtitulado "Sobre o incondicionado no saber humano", é, declaradamente, a de encontrar o fundamento, o alicerce, a base (*Grund*) onde possa assentar-se definitivamente o edifício da filosofia crítica — a filosofia dos novos tempos, que a crítica da razão empreendida por Kant teve o mérito de inaugurar e augurar.

Esse fundamento, que Schelling propõe seja tomado como *princípio* (*Prinzip*), está ausente em Kant, que nunca o formulou, apenas o *pressupôs*, e só pode ser próprio o incondicionado — que neste texto aparece sob o título de "eu absoluto" (*ab-solutum*, isto é, solto, absolvido, *não* relativo a nenhum não-eu oposto a ele, com o qual estivesse numa relação de determinação recíproca) e bem mais tarde, nas preleções de Erlangen de 1825, será assinalado pela designação de "eterna liberdade". Sua ausência no texto de Kant, os "brancos" onde seria seu lugar tão cuidadosamente circunscritos por esse seu jovem e ambicioso continuador, já no prefácio do livro. Lemos, ali:

> Assim Kant nomeia como únicas formas possíveis de intuição sensível o tempo e o espaço, sem tê-las esgotado [ousemos "exaurido"] segundo qualquer princípio (como p. ex. as categorias segundo a tábua das funções lógicas do julgamento). Assim, aliás, as categorias são ordenadas segundo a tábua das funções do julgamento, mas estas mesmas segundo princípio nenhum.[2]

2) SW, I, 154.

Mas esses claros, que o autor na *Crítica* não soube — ou, mais provavelmente, não *quis* — preencher, apontam todos numa única direção: a questão da *síntese* ou, melhor, da *unidade* originária que a síntese necessariamente pressupõe.

Eis, pois, como o pós-kantismo imediato irá relacionar-se — criticamente — com seu limiar histórico de origem, isto é, a filosofia kantiana:

> Considerando a questão com mais rigor, encontra-se que a síntese contida no julgamento, ao mesmo tempo que a expressa através das categorias, é apenas uma síntese *derivada*, e ambas só são concebidas [*begriffen*] através de uma síntese mais originária que está em seu fundamento (a síntese da multiplicidade na unidade da consciência em geral), e esta mesma por sua vez só através de uma unidade absoluta superior; que, portanto, a unidade da consciência não é determinável através das formas dos juízos, mas, vice-versa, estas, ao mesmo tempo que as categorias, só são determináveis através do princípio dessa *unidade*.[3]

3) SW, I, 154. "Do mesmo modo, as muitas contradições aparentes dos escritos kantianos, que há muito tempo já deveriam ter sido reconhecidas perante os oponentes da filosofia crítica (particularmente na medida em que tangem às coisas em si), só podem ser aplainadas através de princípios superiores, que o autor da *Crítica da razão pura*, por toda parte, apenas *pressupôs.*"

Esse empenho de "passagem ao limite", de — etimologicamente falando — "radicalização", não deixa de ter sido sugerido por Kant. A exigência do incondicionado pela razão humana, para sustar a regressão ao infinito, é a razão pela qual, na filosofia crítica, toda a engenharia conceitual do entendimento tem de ser coroada pela arquitetônica da razão pura. Também Fichte, quando introduz, por ocasião da exposição da tríade de princípios da doutrina-da-ciência de 1874, o conceito de "juízo tético", está atendendo ao problema de não haver síntese sem antítese nem vice-versa e à necessidade de sustar — e aí, no caso, até por decreto (*Machtspruch*) — essa circularidade. Estamos no nascedouro da noção de *Grund* em seu sentido prenhe, alemão (fundamento, base, chão último), e do uso técnico, sistemático, da recém-criada palavra *Grundsatz* (sentença-base, proposição fundamental), termo nacional para substituir a palavra *Prinzip*, de importação latina. Mas o aspecto que vem ao caso, para os fins desta nossa discussão, são as conseqüências dessa questão para o destino do conceito de síntese.

Em Kant, no parágrafo 15 da Dedução das Categorias, temos que a *conjunctio* (que ele traduz, em alemão, por *Verbindung*) é "um ato da espontaneidade da faculdade de representação", espontaneidade essa que é preciso chamar de "entendimento" (*Verstand*) para distingui-la da sensibilidade. Por isso conclui Kant que essa conjunção de um múltiplo em geral jamais pode "entrar em nós através dos sentidos" (não pode ser produzida *a posteriori*) e é preciso ir buscar sua origem em outra parte: em "uma ação do entendimento, que nós guarneceríamos com a denominação universal de *síntese*".[4]

Em Schelling, encontraremos o texto chave a esse propósito se voltarmos à página 294 e ali lermos:

> Uma *síntese* só nasce através do conflito da pluralidade contra a unidade originária. Pois sem conflito nenhuma síntese é necessária; onde não há pluralidade nenhuma, há unidade pura e simples: fosse a pluralidade o originário, mais uma vez não haveria síntese. Mas muito embora nós só possamos conceber [*begreifen*] uma síntese através de uma unidade absoluta em contraposição a uma pluralidade, a crítica da razão pura não podia ascender até aquela unidade absoluta, porque ela, para aplainar a controvérsia dos filósofos, só podia partir daquele ponto de que parte a controvérsia da própria filosofia. Mas justamente por isso, também, só podia pressupor aquela síntese originária como um *Faktum* da faculdade de conhecimento.

4) Kant. *Kritik der reinen Vernunft* (A 1781, B 1787). KrV, B 130.

Isto é: o conceito de síntese não pode ser primeiro e originário, pois pressupõe conflito e unidade — que, de "originária" (quando a pluralidade se contrapõe a ela), passa a ser "absoluta" (quando, por sua vez, se contrapõe à pluralidade). Mas isto não quer dizer, atenção, que não possamos falar de uma "síntese originária", primordial, ancestral de todas as outras e que, quando se leva em conta sua *gênese* — a partir do absoluto e do conflito —, pode até ser tratada como um *Faktum* originário.

Apenas e unicamente o *um*, em sua identidade, simplicidade e obviedade, não geraria síntese: "onde não há pluralidade nenhuma, há unidade pura e simples" — *Einheit schlechthin*. Plana unidade, para traduzir com mais capricho. Não haveria nada para *schlichten*, nada que aplainar. Todos os juízos seriam analíticos, tautológicos. Na hipótese simétrica, que chamaríamos de pluralismo absoluto, também não haveria problema: "fosse a pluralidade o originário, mais uma vez não haveria síntese". Somente o *fato* do conflito — pluralidade versus unidade, negação versus positividade — pode explicar que haja síntese. O antagonismo contra a unidade — a antítese — e a exigência de retorno à unidade são os pressupostos necessários para que seja concebível uma síntese *überhaupt*. Explicar esse fato é a tarefa da filosofia: o verdadeiro e único problema é explicar o nascimento do problemático.

Nesse contexto Schelling situa e delimita o feito de Kant: aquele poder de conjunção, a "ação do entendimento" que não pode ser derivada da experiência mas torna a experiência possível, exprime, no nível da *faculdade de conhecimento*, a síntese originária em sua facticidade (tomada como *Faktum*). É, apenas, o primeiro de todos os Fakta. Eis a limitação do projeto crítico. Uma limitação que é, ao mesmo tempo, um privilégio — pois a empreitada kantiana se situaria, assim, num plano que a dispensa da opção entre as duas interpretações da unidade originária (do absoluto); uma opção que toda filosofia, que se pretenda completa e não queira limitar-se à condição de prolegômeno, fatalmente terá de fazer — tomá-lo como um objeto absoluto ou um sujeito absoluto (como um objeto livre de qualquer correlação com o sujeito ou vice-versa).

5) Note-se que a expressão "idealismo objetivo" (isto é, a atribuição da objetividade ao ideal, ao eu, ao sujeito) é usada aqui para caracterizar o criticismo, isto é, o fichtianismo. Só mais tarde, sob a influência de Hegel, Schelling irá acusar Fichte de "idealismo subjetivo", mas então com um sentido totalmente diferente.

6) Texto de SW, I, 154 citado na nossa página 165.

Pois o verdadeiro criticismo, rival autêntico do dogmatismo, não se confunde com a filosofia crítica de Kant. Leiamos a nota da página 302: "Por que não havemos de designar logo os dois sistemas por seus nomes — o dogmatismo como sistema do realismo objetivo (ou do idealismo subjetivo), o criticismo como sistema do realismo subjetivo (ou do idealismo objetivo)?".[5] Ir mais longe que Kant, na direção do fundamento, da unidade, do incondicionado, essa radicalização da exigência do fundamento, com a introdução da questão do *Grund*, implica portanto a escolha, o risco, a aposta.

Se voltarmos agora ao prefácio do *Vom Ich*, o livro anterior, programático, de Schelling, veremos que aquela exigência de ir cada vez mais fundo ali onde Kant deixou em branco, não pede apenas a unidade, o absoluto, o ser originário.[6] Na justificativa do projeto de reconduzir a princípios as conquistas científicas da crítica da razão, aquele mesmo parágrafo acrescentava este argumento suplementar:

> Por fim, mesmo supondo-se que a filosofia teórica de Kant afirmasse por toda parte a mais amarrada coerência, ainda assim sua filosofia teórica e sua filosofia prática não estão conjungidas [*verbunden*] por nenhum princípio em comum, a prática não parece formar nele um e mesmo edifício com a teórica, mas apenas um edifício anexo [digamos, uma edícula] da filosofia inteira, que ainda, por acréscimo, está exposto a constantes ataques por parte do edifício principal [digamos, da casa-grande].

Em contrapartida:

> [...] na medida em que o primeiro princípio da filosofia volta a ser exatamente seu último, se aquilo com que *toda* filosofia, também a teórica, começa, é ele mesmo de novo o último resultado da filosofia prática, em que todo saber termina, a ciência inteira há de se tornar possível em sua suma perfeição e unidade.

Eis, pois, como a questão de ir ao encalço da origem radical da síntese é a mesma — ou pelo menos faz causa comum — com a da reunificação da filosofia e do desaparecimento do célebre "fosso intransponível" entre a razão teórica e a prática.

A questão da filosofia, para Schelling, envolve sempre, portanto, um *Entschluss* — uma decisão, ato que poderíamos também denominar, forçando um pouco o idioma português: *disclusão*. Ou então, sem forçar nada, referir-se a esse conceito pelo nome que lhe davam Aristóteles e os gregos: *proairese*. O verdadeiro filósofo — que queira efetivamente propor uma filosofia inteira e una — não pode furtar-se a uma opção decisiva. — Escolhe teu absoluto! A qual unidade absoluta tu queres retornar, em qual direção aponta teu empenho (*Streben*) infinito, o que há de reger regulativamente todo o teu agir como um imperativo incondicional, essa será a unidade originária que instalarás prolepticamente, pré-conceitualmente, no fundamento de teu sistema.

Por isso, na 6ª Carta, encontraremos o seguinte texto, onde a afirmação de que a questão fundamental da filosofia é de cunho *valorativo* será conduzida a suas últimas conseqüências:

> Nenhuma proposição [*Satz*; sentença] pode ser mais desprovida de fundamento [*grundlos*], por sua própria natureza, do que aquela que afirma um absoluto no saber humano. Pois, justamente porque ela afirma um absoluto, não pode ser fornecido, dela própria, nenhum fundamento [*Grund*] mais além. Tão logo entramos no território das demonstrações, entramos também no território[7] do condicionado e, inversamente, tão logo entramos no território do condicionado, entramos no território dos problemas filosóficos.

7) *Territorium* é o termo que Kant usa para dar o equivalente latino de *Gebiet* (domínio, comarca). É preciso sempre pensar esse território submetido a uma legalidade e jurisdição, pois o verbo equivalente é *gebieten* (ordenar, comandar). SW, I, 309ss.

Que o fundamento venha a ser, já por natureza e definição, o abismo do sem-fundo (*Ungrund, Abgrund*), eis um pensamento a que Schelling se manterá fiel até o fim, até a *filosofia positiva* da última fase (preleções sobre a filosofia da mitologia e da revelação). Aqui, ele seguirá o fio dessa coerência indo buscar seu exemplo no extremo oposto, no filósofo que já Fichte havia caracterizado como o modelo acabado do "dogmático":

> Como seríamos injustos com Espinosa se acreditássemos que, para ele, se tratou, na filosofia, única e exclusivamente das proposições analíticas que ele estabelece como fundamento de

seu sistema. Sentimos muito bem quão pouco ele próprio acreditava ter de tratar delas; um outro enigma o impelia, o enigma [*Rätsel*] do mundo: como pode o absoluto sair de si mesmo e opor a si um mundo?

— Por que qualquer coisa e não antes o nada? Por que algo e não o ser puro? Essa interrogação leibniziana, que Bergson criticará mais tarde como uma ilusão dos filósofos, como expressão da "miragem da ausência", é finalmente o sentido último da clássica pergunta kantiana — a interrogação que movia os velhos dogmáticos e está destinada a tornar-se a tarefa dos novos "criticistas". Ao pretender construir um sistema a partir da crítica da razão, o novo partido dos "idealistas objetivos", a escola fichtiana que se abriria para o futuro, encontraria, simetricamente, a mesma incumbência:

> É esse mesmo enigma que impele o filósofo crítico. Sua questão capital não é: como são possíveis os juízos analíticos — mas sim: como são possíveis proposições sintéticas. Para eles nada é mais concebível [*begreiflich*] que uma filosofia que explica tudo a partir de nossa própria essência e nada é mais inconcebível [*unbegreiflich*] que uma filosofia que vai além de nós mesmos. Para ele, o absoluto em nós é mais concebível que qualquer outra coisa, mas é inconcebível como saímos do absoluto para, pura e simplesmente, opor algo a nós. O mais concebível: como determinamos tudo meramente pela lei da identidade; o mais enigmático: como podemos determinar algo ainda, para além dessa lei. [Esse inconcebível, até onde entendo, é, tanto para o criticismo quanto para o dogmatismo, teoricamente insolúvel (nós sublinhamos).] Por certo, o criticismo pode provar a necessidade de proposições sintéticas *para o domínio da experiência*.[8] Mas o que se ganha com isso quanto àquela questão? Pergunto de novo: *Por que há, em geral, um domínio da experiência?* [nós sublinhamos] Toda resposta que dou a isto pressupõe já, de antemão, a própria existência do mundo da experiência. Portanto, para poder responder a essa questão, teríamos, antes de tudo, de abandonar o território da experiência; mas, uma vez que tivéssemos abandonado aquele território, a própria questão estaria anulada.

8) Usamos "domínio", aqui, para traduzir *Gebiet*. Ver nota anterior.

Assim, Schelling nem precisou recorrer à *Crítica do juízo* — onde isso está mais claro — para perceber as implicações da limitação kantiana da *theôria* e reinstaurar a dimensão especulativa do dever-ser.

Voltando, então, ao texto da página 294, onde a pergunta de Kant é livremente formulada: — Como chegamos em geral a julgar sinteticamente? — não cabe mais indagar pela ausência da locução "*a priori*". A radicalidade com que é exigida a afirmação desse "Prius" — o fundamento incondicionado — torna irrelevante a distinção *a priori / a posteriori*, que Kant havia modestamente tomado como ponto de partida. Os dois fazem parte do "território da síntese" — que é como vai caracterizar-se agora aquilo que os dogmáticos clássicos chamavam ingenuamente de "finitude". Mostrou-se agora que ela, por um paradoxo intrínseco, está permanentemente apontando para além de si mesma.

Resta tirar algumas conseqüências dessa operação.

O comentador francês Marc Kauffman pensa que Schelling, em seus três primeiros livros, retoma e amplia o projeto da *Nova Dilucidatio* de Kant (ou seja, fundamentar a ciência), com a vantagem de fazê-lo quarenta anos depois e, nesse intervalo, ter acontecido a crítica da razão. Dado o rigor dos primeiros pós-kantianos — e a perspiciência que demonstram na avaliação dos resultados da filosofia crítica — essa hipótese, embora unilateral, parece plausível.

De nossa parte, limitamo-nos a uma observação. Parece que Schelling (assim como Fichte a meu ver) tentou pensar e preservar a irredutibilidade da existência, o positivo denunciado por Kant desde o período pré-crítico — isso que hoje em dia costuma ser aludido através do conceito pierciano de *firstness*, por exemplo. Minha impressão é que Schelling desde o começo queria pensar a finitude como *clinamen* — um declínio, uma declinação — medida a partir do "fio de prumo do nominativo" (para usar uma expressão criada por Bento Prado Jr. para explicar Rousseau). E minha hipótese, para uma eventual pesquisa futura, seria que aquilo que estamos habituados a chamar de dialética[9] origina-se de uma operação praticada por Hegel, consistindo em abolir esse positivo (o absoluto de Fichte e de Schelling) e transferir toda a positividade ao negativo.

9) Que ainda Kant — é bom lembrar — definia como "lógica da aparência".

De qualquer modo, uma coisa é certa: aqui Schelling dá um exemplo de que, entre os "usos" que se costumam atribuir à razão prática (ético, pragmático, etc.), também o especulativo pode ter um certo interesse.

Profissão de fé epicurista
de Heinz Widerporst[*]

* Pseudônimo de F. Schelling

Não posso mais, deveras, suportar,
Uma vez mais preciso esbracejar,
Me remexer com todos os sentidos,
Os quais já imaginava derretidos
5   Pelas altas teorias supra-terrenas
A que quiseram converter-me a duras penas,
Ser outra vez como um qualquer dos nossos,
Com membros, carne, sangue e tutano nos ossos.
Não entendo esse trabalho que se dão
10   A falar e escrever de religião;
Não me agrada chocar uma tal ninharia,
Prefiro entrar raivoso em meio à confraria
E não deixar que espíritos tão elevados
Me ponham de intelecto e sensação grudados,
15   Mas neste ato afirmo e dou fé
Que verdadeiro e real somente é
O que com mãos é possível tocar,
O que se pode conceber sem jejuar
E sem outra qualquer flagelação
20   Da carne, ou violenta redenção.
Falavam dessas coisas com tal tônica
Que, confesso, fiquei por um momento atônito.
Como se algo pudesse entender, li, lamento,
Tanto discursos quanto fragmento.
25   Quis devotar-me a isso, de verdade,
Abandonar obra e vida de impiedade;
Alimentei, para melhor zombar do Demo,
A esperança de tornar-me Deus eu mesmo
30   E até a cabeça já estava afundado
Na intuição do Todo Cósmico acabado
Quando meu gênio me mandou recado
De que eu estava no caminho errado
E devia voltar a encarrilhar,
35   Não deixar nada mais me embasbacar.

verso 24 — Referência direta aos escritos de Schleiermacher e de Novalis.

verso 32 — "Gênio", aqui, está traduzindo a célebre palavra "Witz", para a qual ainda não se encontrou a tradução adequada. Aqui está significando o gênio próprio, pessoal — de certo modo o bom senso mesmo. A escolha da palavra pode ser interpretada como uma farpa contra os românticos que, como é sabido, gostavam de explorar a ambigüidade e a riqueza de sentidos que ela oferece.

verso 38 — Saulo, centurião romano, que demorou para se converter e perseguiu cristãos, antes de se tornar o apóstolo conhecido como São Paulo.

O que, para fazer, não fui mandrião;
Não fiz como fez Saulo, na ocasião,
E para afugentar todas venetas
Que ainda me trinavam na cabeça
40   Eu consultei o corpo por todos os lados,
Mandei trazer-me vinho como assados.
Tudo isso fez de mim devoto verdadeiro,
Entrei na minha natureza por inteiro,
Pude outra vez com mulheres folgar,
45   Claro com os dois olhos enxergar,
E assim completamente deliciado
Pronto para escrever me vi sentado.
Assim falei no íntimo pensamento:
Nunca vaciles de tua fé, nem um momento,
50   Que sempre te ajudou através do mundo
E te mantém o corpo e a alma juntos;
Não podem demonstrá-la, com efeito,
Nem mesmo reduzi-la a alguns conceitos.
Quando falam de luz interior
55   Conversam muito e nada tem valor,
Grandes palavras que enchem os ouvidos,
Nada está fermentado nem cozido,
Tem ar de fantasia e de ficção,
É de toda poesia a negação.
60   Nada podem dizer ou dar de si,
A não ser como o sentem e o portam em si.
Por isso vou, também eu, professar
Como dentro de mim sinto queimar,
Como me inflama, sim, todas as veias;
65   Minha palavra vale o mesmo que as alheias,
Eu que nas horas boas e nas más também
Tenho passado sempre muito bem
Desde que tenho claro por inteiro
Que é a matéria o único que é verdadeiro,
70   De todos nós guardião e conselheiro
E de todas as coisas Pai primeiro,
Elemento de tudo que se pensa
E onde todo saber finda e começa.
Não tenho em boa conta o invisível,
75   Atenho-me somente ao ostensivo,

Ao que posso cheirar, sentir e saborear,
Com todos os sentidos cavoucar.
Minha religião única, repito,
Consiste em apreciar um joelho bonito,
80 Um busto cheio e ancas bem delgadas,
E também flores docemente perfumadas,
De tudo o que é prazer completa nutrição,
De todos os amores a doce caução.
Devesse ainda alguma religião haver
85 (Porém sem ela posso bem viver)
Entre todas as outras poderia
A católica ser a que me agradaria,
Mas só como ela era nos tempos de antanho,
Sem zangas nem conflito em seu rebanho,
90 Eram todos um só, bolo e recheio,
Nada buscavam longe, só em seu meio,
Não lançavam aos Céus o olhar furtivo,
Tinham de Deus um arremedo vivo,
Centro do mundo para eles era a Terra,
95 No centro desta punham Roma e nela
Reside o lugar-tenente
Regendo com seu cetro os continentes.
E assim viviam bem, leigos e capuchinhos,
Unidos no País da Carochinha.
100 De resto, na mansão celestial
Lá em cima se vivia em pândega total,
Celebravam-se bodas todo dia
Unindo o Ancião e a Virgem Maria;
De resto, quem governa a casa é a mulher
105 E tem, como aqui em baixo, as rédeas do poder.
Teria rido muito de tudo isso,
No entanto me prestou um bom serviço.
Só que essa página já está virada;
É uma vergonha, é infâmia descarada
110 Como hoje em todo e em qualquer rincão
Se está dotado e imbuído de razão,
Se tem de pavonear moralidade,
E desfilar belas sentenças se há-de;
Que, onde quer, até a juventude
115 Se deixa tosquiar com a virtude,

verso 88 — Segue versão
cômica da descrição nostál-
gica do mundo medieval
feita por Novalis no discurso
"A Cristandade ou Europa"
(ainda inédito na época),
que acabou sendo excluído
da *Athenäum* junto com o
poema de Schelling.

verso 117 — Aqui se esboça a futura idéia de Nietzsche, de que o cristianismo estaria a ponto de se autodissolver, dando lugar às forças da saúde e do niilismo, quando o protestantismo lhe deu novo alento, garantindo a sobrevida do ressentimento.

Nem um cristão católico sequer
Deixa de ser idêntico a um qualquer.
Por isso renunciei a toda religião,
Nenhuma me agasalha desde então,
120   Não vou à igreja nem ouvir sermão,
Estou isento e forro de outra fé que não
Essa que me governa e que me guia,
Que me leva ao sentido e à poesia
E o coração me toca todo dia
125   Com incessante ação,
Eterna mutação,
Sem pausa no seu zelo,
Segredo de Polichinelo,
Um Poema imortal
130   Que fala a todos os sentidos, tal
Que nada mais posso pensar ou crer senão
O que ela me plantar no coração
Nem guardar para mim como direito e certo
O que ela não me revelar de perto,
135   Em cujos traços, sepultos bem fundo,
Há de estar escondida a verdade do mundo;
O errado, o falso nunca ali entrará
Nem extraído pode ser de lá;
Por forma e imagem fala-nos bem claro
140   E não oculta nem o interno e o raro,
Segredo que das cifras permanentes
Podemos decifrar tranqüilamente
E, vice-versa, nada iremos conceber
Que não nos dê para com mãos apreender.
145   Uma religião, se é a certa, então,
Deveria, na pedra e na formação
Dos líquens, flor, metal e tudo que há,
Irromper para a luz e para o ar,
Em todas as alturas e nas profundezas
150   Em hieroglifos revelar-se com certeza.
Perante a cruz aceitaria eu curvar-me,
Caso um morro pudésseis vós mostrar-me
Onde, para aos cristãos servir de exemplo,
Houvesse a natureza erguido um templo,
155   Soberbas torres lá no alto imensas,

Grandiosos sinos por ímãs suspensos
E em altares, átrios e portais
Crucifixos de esplêndidos cristais;
Com vestes rituais de franjas de ouro,
160 Cibório e cálices de prata de lavor
E o mais que adorna os servos ordenados,
Os capuchinhos lá, petrificados.
Porquanto, todavia, até a data presente
Tal morro nunca foi coisa existente,
165 Não deixo que me façam de idiota
E vou perseverar como um apóstata
Até que um enviado me apareça
Para entregar-me em mãos a fé e a crença,
E ele não se dará esse trabalho.
170 Por isso seguirei no mesmo atalho
Ainda que sobreviva até o Juízo final,
Dia que quem viver jamais verá.
Creio que o mundo tem desde sempre existido
E que nunca também há de ser corrompido;
175 Queria ver como se queimaria
Com toda a lenha e toda a galharia
Com que o inferno gostariam de aquecer
E os pecadores cozinhar e corroer.
Imune, assim, a todo medo vão,
180 Posso recuperar corpo e alma sãos
E em vez de fazer mímica e meneios
Perder-me inteiro do Universo em meio,
Nos olhos claros da Amada, enfim,
Submergir-me num azul sem fim.
185 Nem sei, quem diz que o mundo me apavora
Se eu o conheço bem por dentro e fora,
É só um animal manso e indolente,
Que a mim não ameaça, nem à gente,
Obrigado que é a moldar-se a leis,
190 Deitar-se bem doméstico a meus pés.
Espírito gigante ali se encerra, é fato,
Mas, co's sentidos seus, petrificado,
Não pode se livrar da apertada couraça
Nem estourar seu cárcere de aço,
195 Se bem que agita as asas com freqüência,

verso 158 — Verso em que
o poeta adiciona à obviedade
natural, a semântica: "Cristo:
cristais (*Kristallen*)".

verso 176 — A palavra
"galharia", não registrada no
dicionário "Aurélio", é abonada
por uma antiga marcha carna-
valesca ("Brotinho"): "Veja só
que galharia seca está pegando
fogo neste carnaval."

verso 185 — Com este verso
se inicia o trecho publicado
em 1800. É a parte pro-
priamente "dogmática" e séria
do poema. Contém as idéias
que sustentavam a "Natur-
philosophie" e que logo iriam
ser reaproveitadas e reelabo-
radas por Hegel. Tilliete, na
obra citada, qualifica esse
fragmento de "inofensivo".

verso 199 — Aqui Schelling escreveu "Quallität", com duplo "l", querendo sugerir um falso parentesco etimológico com "quellen (...) tät" (traduzido por "faz manar" no verso seguinte) — e desse modo inocular nessa "qualidade" um pseudo-sentido original de "manancialidade". Desnecessário dizer que Heidegger, como se sabe, era um ávido leitor de Schelling.

verso 218 — O homem é a auto-reflexão do Espírito, alcançada por este após sua progressão através do mundo natural.

Se estira e move-se com violência,
Nas mortas e nas vivas existências
Luta com força pela consciência;
Disso vem para as coisas Qualidade,
200 Pois nelas faz manar e propagar-se
A força com que brotam os metais,
Viçam na primavera os vegetais,
Procura em todo canto e extremidade
Para o exterior e para a luz voltar-se,
205 Não poupa esforços, não mede fadiga,
Ora ao alto se arroja e se espiga,
A alongar seus órgãos e seus membros,
Ora de novo encurta e estreita os mesmos,
Com giros e volteios só procura
210 Encontrar a melhor forma e figura.
E combatendo assim com mãos e pés
Contra o elemento de revés
Aprende a abrir espaço no pequeno e ali
Pela primeira vez toma noção de si;
215 Enclausurado em um anão, figura
De belo aspecto, ereto na estatura,
Chamado, na linguagem, ser humano,
Vai encontrar-se o espírito gigante.
Do férreo sono e sonho prolongado
220 Desperta. E a custo reconhece-se, espantado,
Consigo próprio assombra-se e se excede,
Com grandes olhos se saúda e mede;
Fundir-se novamente co's sentidos todos
Na grande natureza quereria, de pronto,
225 Mas, uma vez separado, não há
Como outra vez refluir para lá,
E assim pequeno e estreito a vida toda, após,
No próprio grande mundo fica a sós.
Receia sim, em sonhos de espantar,
230 Possa o gigante cobrar ânimo e empinar
E assim como Saturno o antigo Deus
Em cólera engolir os filhos seus.
Que ele próprio o seja — isso não pensa,
Chega a esquecer a própria proveniência,
235 Deixa-se por fantasmas flagelar,

Poderia a si mesmo assim falar:
Sou eu o Deus, que no seu peito os acalenta,
O Espírito, que em Tudo que é se movimenta.
Desde o embate de obscuras forças primitivas
240 Até a efusão das primeiras seivas vivas,
Quando força na força, estofo em estofo turge,
Primeira floração, botão primeiro surge
Ao primeiro raiar da luz recém-nascida,
Segunda Criação, na noite irrompida,
245 Que pelos olhos mil do mundo brilha,
Clareia por igual a noite e o dia,
Até à força juvenil do pensamento,
Natura remoçada a criar-se novamente,
É tudo uma só força, vida e pulsação,
250 Alternância de esforço e inibição.
Nada, por isso, me é mais odioso
Que o hóspede estrangeiro, de ar pomposo,
Que faz seu "tour" do mundo pavoneando-se
E más palavras em seus lábios carregando
255 Sobre o que é a natureza e a ela diz respeito;
Julga-se um ser especialmente eleito.
É uma raça humana especial,
De senso próprio e casta eclesial,
Vêem todos os demais como danados,
260 Juraram ódio eterno e arraigado
Contra a matéria e suas obras todas;
Contra elas fortificam-se com cromos,
Falam de religião como de uma mulher
Que só através de véus é permitido ver
265 Para assim não sentir ardor sensual,
Envolvem-na em muita fumaça verbal,
Se sentem altamente aristocráticos,
Crêem estar, nos membros todos, grávidos
Do novo Messias, ainda não nascido
270 E por decreto deles escolhido
Para aos povos, grandes e pequenos,
Conduzir — pobres! — a um aprisco ameno,
No qual irão parar de arreliar-se
E juntos como um só cristamente saudar-se,
275 E tudo mais que anunciam, proféticos.

---

verso 241 — Adoto esse neologismo "turgir" apoiado no latim "turgeo", que significa ao mesmo tempo intumescer e brotar.

verso 250 — Aqui termina o trecho publicado em 1800, com a substituição deste últimos versos por: "É tudo uma só força, alternância e tecer, / Pulsão e ímpeto por mais alto viver".

Por natureza não são nada magnéticos
Mas, em contato com um espírito legítimo,
Algo da força deste sentem no íntimo,
Acreditam-se nele transformar,
280 Por si mesmos o Norte apontar.
São, porém, para si, maus conselheiros,
Discursam sobre feitos de terceiros,
Sua arte é tudo sacudir daqui e dali,
Baralhar pensamentos entre si,
285 Disso pretendem muito espírito tirar,
Conseguem só narinas comichar,
Polêmicos o estômago atingir
E o apetite afetar e destruir.
Aconselho a quem quer o houver lido
290 Que, para se curar do mal sofrido,
Num sofá, junto a uma criança linda,
Fique a reler e a explicar "Lucinda".
Àqueles lá, porém, e similares
Quero noticiar e deixar claro
295 Que à sua devoção e santidade,
Supra-sensível e supra-terrenidade
Hei de afrontar com obra e vida aptas,
Enquanto para isso ainda me forem dadas
Da matéria e da luz a adoração
300 E a força de raiz do poema alemão,
Enquanto estiver preso a doces olhos,
Enquanto, ainda, sentir que me acolhem
Os braços cheios de amor da Única,
Aquecer-me a seus lábios e, da música,
305 Filtrar-se em mim a sua melodia
E a tal ponto impregnar-me sua vida,
Que só posso empenhar-me pelo verdadeiro,
Toda fumaça e ilusão desdenho,
Pois para mim não podem pensamentos
310 Como fantasmas vaguear aos quatro ventos,
Têm nervos, carne, sangue e tutano,
Pois que nasceram livres, robustos e sãos.
Aos outros, mando minha saudação
E digo como boa conclusão:
315 Que levem o Diabo e seu salitre

verso 292 — Referência ao romance "Lucinde", de F. Schlegel, que algum dia, se os manes forem propícios, há de ser traduzido por Márcio Suzuki.

Todos os russos e os jesuítas.
Assim, no ninho da Senhora Vênus,
Escrevi eu, Heinz Widerporst, em termos,
O segundo do nome, briosamente,
320 Deus dê muitos, ainda, da mesma semente.

Nota sobre a tradução

Os verbos "übertragen", "übersetzen", que em alemão significam "traduzir", têm ainda os sentidos adicionais de "transpor", "transportar" ou "transplantar". Assim o idioma alemão culto, como se sabe, foi fixado no século XVI por Lutero, que traduziu a Bíblia levando em conta os modos populares de falar. Transplantou-a...

Documento essencial dos primeiros tempos do idealismo e do romantismo, ainda que microscopicamente menos relevante que as Escrituras, o poema pseudônimo de Schelling, "Profissão de fé epicurista de Heinz Widerporst", escrito no final do século XVIII, nunca havia sido transplantado para a nossa língua portuguesa. Vamos traçar, concisamente, sua história.

Mal saído do Instituto de Tübingen, onde dividia o dormitório com os colegas e amigos, um pouco mais velhos, Hölderlin e Hegel, o inquieto e precoce Friedrich Wilhelm Joseph von Schelling se tornou professor em Iena, com suas novas idéias sobre a "filosofia natural", que rapidamente conquistaram a simpatia de Goethe. Logo se aproximou do círculo de Iena, constituído pelos irmãos Schlegel e suas antenadíssimas mulheres, Dorothea e Caroline, além de, entre outros, Tieck, Novalis e Schleiermacher, inventores históricos do romantismo, criadores da revista Athenäum. E, apesar das diferenças de temperamento e de formação, conviveu bastante com o pequeno e efervescente grupo: "sinfilosofaram" à maneira romântica (Ludoviko, personagem da Conversa sobre a poesia[1] de F. Schlegel, seria um retrato seu), compartilharam visitas críticas a museus, trocaram manuscritos e intuições. Já famoso, embora, por suas retumbantes primeiras publicações, Schelling estava com 24 anos.

Foi assim que, à primeira leitura dos Discursos sobre a religião de Schleiermacher (esse "fazedor de véus", como era jocosamente lido seu sobrenome), o filósofo reagiu com "um novo acesso de seu antigo entusiasmo pela irreligião" (palavras de F. Schlegel) e compôs, encorajado pelo mesmo Schlegel, este desabafo

---

1) São Paulo, Iluminuras, 1994. Col. Biblioteca Pólen.

metrificado e rimado, que tinha também como alvo o autor do ensaio ainda inédito "A Cristandade ou Europa", isto é, Novalis.

Reagiu pela carnavalização, através do extenso poema cômico-filosófico (320 versos), sátira moralizante do estilo "ridendo castigat", escrito no outono (setembro a novembro) de 1799, para sair na Athenäum *— o que, apesar do desejo de Schlegel, não aconteceu, desaconselhado pelo conselheiro áulico de Weimar, isto é, Goethe. De resto, a deliberada irreverência do tom já estava anunciada na própria escolha do pseudônimo que adotou, criado a partir do adjetivo "widerborstig" (contaminação de "widerspenstig" com "kratzbürstig"), que significa: refratário, recalcitrante, contumaz, tinhoso (rabugento). O texto acabou por ficar inédito até a edição Plitt (1869), com exceção do trecho publicado em 1800, sem indicação de autor, com o título "Algo ainda sobre a relação da filosofia natural com o idealismo", (versos 185 a 250), na revista de Schelling,* Zeitschrift für spekulative Physik *(versos 185 a 250).*

O "epicurismo" do título se refere menos à doutrina histórica de Epicuro quanto à inspiração do poema de Lucrécio, isto é, à implicação direta entre a postura ética e a cosmovisão e a um certo tom didático-satírico. Como modelo formal, o "Widerporst" segue, segundo Schlegel, o "Hans Sachs" de Goethe. Versos regulares, ocasionalmente de pé quebrado, e rimas paralelas, deliberadamente rústicas e óbvias, quando não francamente cômicas.

A tradução, nos moldes do romantismo nacional, está em decassílabos (heróicos, predominantemente, mas também sáficos), com quebras para o dodecassílabo (de preferência o alexandrino), metro que preponderará no trecho, mais solene e complexo (a partir do verso 185), em que o autor expõe seu próprio modo de ver o mundo. Rimas toantes ocasionais são permitidas e toleradas.

Existe uma tradução francesa, apresentada em L'absolu littéraire *de Ph. Lacoue-Labarthe e J.-L. Nancy,[2] mas, apesar de se declarar sem pretensões literárias, contém vários contrasensos, ocasionados por erros de leitura. Mais corretos estão os trechos traduzidos pelo padre X. Tilliette em* Schelling: Une philosophie en devenir.[3] *O reverendo padre, extraordinário conhecedor de Schelling, define a "Profissão" como um "poema*

2) Paris, Seuil, 1978, pp 251-59.

3) Paris, Vrin, 1970; v. 1, pp. 182-84.

singular e assaz medíocre", "impulsiva profissão de paganismo", "confissão herética; menos blasfêmica, no fundo, que impregnada de pesada ironia".

Nas preleções sobre a "Filosofia da arte", pronunciadas pela primeira vez no semestre de inverno de 1802-1803, o filósofo, ao tratar das "artes da palavra", dedicou alguns parágrafos ao estudo da sátira. Eis uma seleção dos trechos mais importantes:

"A esfera da poesia épica relativamente objetiva (onde a apresentação o é) é descrita pela elegia e o idílio, que por sua vez se relacionam entre si, a primeira como o subjetivo, este como o objetivo; a esfera da poesia relativamente mais subjetiva (onde a apresentação o é) é descrita pelo poema didático e a sátira, dos quais o primeiro é o subjetivo, esta o objetivo";[4]

"O [conteúdo] do poema didático é o subjetivo, porque consiste no saber, o da sátira, o objetivo, porque se refere ao agir, que é mais objetivo que o saber. O princípio da apresentação é, em ambos, subjetivo. Ali consiste no espírito; aqui, mais no ânimo e no sentimento ético";[5]

"Poderiam alegar, contra esse gênero em universal, portanto também contra a sátira, que ele tem necessariamente um fim, o poema didático, ensinar, a sátira, castigar, e que, porque toda bela arte não tem finalidade para fora, ambos não podem ser pensados como formas dela. Só que com este princípio, em si importante, não está dito que a arte não possa tomar como forma um fim existente independentemente dela ou um carecimento real, como aliás o faz a arquitetura; só é requerido que ela em si mesma saiba tornar-se novamente independente desse fim e que os fins externos sejam para ela meramente forma";[6]

"Na esfera subjetiva dos gêneros subordinados ao poema épico, é a sátira a forma mais objetiva, pois seu objeto é o real, o objetivo, e, predominantemente ao menos, a ação";[7]

"De resto, a sátira tem dois gêneros, o sério e o cômico. Ambos requerem a dignidade de um caráter ético, tal como se exprime na nobre cólera de Juvenal e de Pérsio, e a superioridade de um espírito penetrante, que sabe ver as relações e acontecimentos em referência com o universal, pois justamente no contraste do universal e do particular reside o efeito predominante da sátira".[8]

4) Friedrich W.J. Schelling. *Sämtliche Werke*, 1856-61. SW, V, 658.

5) SW, V, 659.

6) SW, V, 662-663.

7) SW, V, 667.

8) SW, V, 668.

Não seria a "Profissão de Fé", escrita três anos antes, de certo modo e guardadas as proporções, uma ilustração prática dessas idéias?

Sobre o Autor

RUBENS RODRIGUES TORRES FILHO *foi professor de História da Filosofia Moderna na Universidade de São Paulo. Traduziu obras de Kant, Fichte, Schelling, Nietzsche, Adorno, Benjamin e Novalis* (Pólen, *Iluminuras, 1988). Publicou, em prosa:* O espírito e a letra — A crítica da imaginação pura em Fichte *(Ática, 1975). Publicou, em poesia, entre outros:* Retrovar *(Iluminuras, 1993) e* Novolume *(Iluminuras, 1997) que reúne sua produção poética. Idealizou e dirige a coleção "Biblioteca Pólen", desta editora.*

BIBLIOTECA PÓLEN

Dirigida por Rubens Rodrigues Torres Filho

ANTROPOLOGIA DE UM
PONTO DE VISTA PRAGMÁTICO
Immanuel Kant

O CONCEITO DE CRÍTICA DE ARTE
NO ROMANTISMO ALEMÃO
Walter Benjamin

CONTRIBUIÇÃO À HISTÓRIA DA RELIGIÃO
E DA FILOSOFIA NA ALEMANHA
Heinrich Heine

CONVERSA SOBRE A POESIA
Friedrich Schlegel

DA INTERPRETAÇÃO DA NATUREZA
E OUTROS ESCRITOS
Denis Diderot

DEFESAS DA POESIA
Sir Philip Sidney & Percy Bysshe Shelley

OS DEUSES NO EXÍLIO
Heinrich [Henri] Heine

DIALETO DOS FRAGMENTOS
Friedrich Schlegel

DUAS INTRODUÇÕES À CRÍTICA DO JUÍZO
Immanuel Kant

A EDUCAÇÃO ESTÉTICA DO HOMEM
Friedrich Schiller

ENSAIOS MORAIS E LITERÁRIOS
David Hume

A FARMÁCIA DE PLATÃO
Jacques Derrida

FRAGMENTOS PARA A HISTÓRIA DA FILOSOFIA
Arthur Schopenhauer

LAOCOONTE OU SOBRE
AS FRONTEIRAS DA PINTURA E DA POESIA
G.E. Lessing

MEDITAÇÕES
Marco Aurélio

POESIA INGÊNUA E SENTIMENTAL
Friedrich Schiller

PÓLEN
Novalis

PREFÁCIO A SHAKESPEARE
Samuel Johnson

SOBRE KANT
Gérard Lebrun

SOBRE O HOMEM E SUAS RELAÇÕES
Franz Hemsterhuis

TEOGONIA
Hesíodo

OS TRABALHOS E OS DIAS
Hesíodo

Este livro terminou
de ser impresso no dia
26 de novembro de 2004
nas oficinas da
Associação Palas Athena,
em São Paulo, São Paulo.